KB174215

'윈드서핑'을 타다 보면
인생이 "두근 두근" 설레이게 된다.

두근 두근 설레이는~

윈드서핑

정상대·우영애 지음

글로벌콘텐츠

목차

추천사 **6**

발간사 - 두근두근 **"윈드서핑" 8**

프롤로그

"윈드서핑"을 타게 되면?

윈드서핑을 타면 "인생역전" 할 수 있다! **12**

윈드서핑을 타면 "항상 젊게" 살 수 있다! **14**

윈드서핑을 타면 "혁신적"으로 살 수 있다! **16**

나이 들어 타면 "오빠"! **18**

요트 윈드서핑 詩 **20**

두근두근 설레임 **윈드서핑** 요즘 엄청 달라졌다! **24**

PART 1

나도 탈 수 있을까?
과연

" 수영"을 못하는데? **32**   "허약 체질"인데? **46**

"아기 엄마"인데? **34**   "시간"이 없는데! **48**

"운동"을 싫어하는데! **38**   "깊은 산골"에 사는데? **50**

"나이" 많은데? **42**

PART 2

참 쉬운 윈드서핑 배우기

"어디서" 배워요? **56**   "Life jacket" 입기 **71**

"클럽" 가보기 **59**   "장비 운반" 하기 **73**

"초보자" 강의 **62**   "균형 잡기" 연습 **76**

타는 법 "배우기" **64**   "세일(Sail)" 세우기 **79**

"준비 운동" 하기 **67**   혼자 "출발" 축하합니다! **81**

PART 3

윈드서핑의 "꿈과 낭만"

요트 윈드서핑 탄다는 "금지"를 가지자! **88**
Defi-Wind 윈드서핑 "천국" **94**
"웃통" 벗은 황태자! **99**
평생 인기 소녀 "쌍둥이" **102**
"10세"가 만든 윈드서핑 **109**
"산山"에서 타기 **114**
생후 27개월 "아기" **117**
"목발"을 짚고서도! **119**
"옥상" 윈드서핑장 **123**
"정권"을 진짜 잡았다! **126**
윈드서핑 ~ Sexy 해유~! **129**
"강아지" 태우고 경기 **132**

풍기문란 "불장난"? **136**
"Cube" 맞추며 타기 **139**
"최고" 속도는? **141**
누가 Longest? **144**
직업병? "귓병" **147**
할아버지 아버지 손자 함께 타! **149**
목숨 걸고 타! **155**
윈드서핑 타고 "출근" **157**
"유럽" 한바퀴 돌기! **160**
방송국 DJ 이종환 **164**
노무현 대통령 님 **168**
"비행기" 만지며 타기 **170**

PART 4

한 맺힌 Olympic Medal

평생 이루지 못한 "요트국제심판" 꿈 **176**
40년 무명가수의 "눈물"! **187**
"영혼"이 잠든 "제주 훈련장" **191**
풍우회 "모금 운동" **200**
정보를 준 "외국 전문가들" **208**
초유의 국제 경기 유치단 **214**
우리나라 요트 발상지는? **218**
"첫 Olympic" 모습들 **224**
웃기는 Joao 선수 **230**
"이혼"까지 했는데도! **233**
30년 결사적 "결투" **240**
멋쟁이 Neil Pryde **247**

참 어려운 "번역" **252**
경기장 "신호기들" **256**
"VIP 거물들" 초청 만찬 **259**
윈드서핑의 일기예보 Windguru **262**
"누가" 발명했나? **264**
Windsurf "외국어 연수" **269**
영어로 하니까 골치야! **273**
눈물겨운 VICTORY! **279**
부끄러운 Olympic Report! **282**
한국의 자존심 울산 PWA **287**
도망 가는 세월호 "선장" **291**
"요트" 와의 첫 인연 **296**

저자 소개 **300**

부록

부록1 | KOREA WINDSURFING PRO LEAGUE RANKING **304**
부록2 | KWPL 코리아 윈드서핑 프로리그 회원들 **308**

추천사

〰〰〰〰〰〰〰〰〰〰〰〰〰〰〰〰

『두근 두근 설레이는 윈드서핑』이라는 멋진 책을 발간하시게 된 것을 진심으로 축하 드립니다.

저는 1981년에 처음 요트에 입문하여 지금까지 40년 넘게 국가대표 선수, 지도자 그리고 대한요트협회에서 사무국장, 전무이사, 부회장을 역임하며 행정을 경험하고 봉사하였습니다. 또한 20년간 국제심판으로 활동하였고 지금은 대한요트협회의 심판 위원장과 아시아요트연맹 부회장, 킬 보트 위원회 위원장으로 활동하고 있습니다.

정상대 회장님 역시 40여 년 동안 항상 요트 현장에서 협회 임원과 한국윈드서핑협회 회장님으로서 늘 요트와 윈드서핑 발전을 위하여 최선을 다해 봉사하셨습니다. 그리고 지금도 각종 대회와 세미나 등에서 회장님의 열정과 노력하심을 보면서 늘 존경해 왔습니다.

『두근 두근 설레이는 윈드서핑』의 내용을 보면 윈드서핑의 입문 과정 소개부터 그 과정에서의 꿈과 낭만 그리고 40년 동안 각종 대회에서 만났던 사람들과의 소중한 인연뿐만 아니라 그들의 사연을 아주 자세히 담고 있습니다.

특히 2000년 해운대 국제윈드서핑대회의 유치 단계에서 1999년 저는 회장님과 임원들의 요청으로 일본 오키나와로 가서 Mr. Rorry Ramsden을 만나

대회 유치 설명을 하고 흔쾌히 승인을 받아서 2000년에 대회를 개최한 기억이 생생한데 벌써 20년이 넘었습니다. 그리고 그 대회에 심판으로 초청한 저의 절친인 중국의 Quanhai Lee가 지금은 세계요트연맹의 회장이 되어 멋진 활약을 하고 있습니다.

회장님의 소중한 이 책은 우리나라의 지나 온 요트 역사를 보는 것 같아서 매우 감동 받았습니다.

그동안 우리나라의 요트와 윈드서핑은 많은 우여곡절을 겪으면서 열심히 노력하며 달려왔습니다.
정상대 회장님의 소중한 경험과 많은 사례의 교훈이 담긴 이 책의 발간을 통하여 우리 후배 요트인들이 각 분야에서 다시 한번 열정적으로 도약하는 계기가 되리라 믿으면서, 소중한 책을 쓰신 정상대 회장님께 다시 한번 감사 드리며 책의 발간을 진심으로 축하 드립니다.

2023년 4월 24일

이필성 *Pilsung Lee*

아시아요트연맹 부회장 / 킬 보트위원회 위원장
대한요트협회 심판위원회 위원장

발간사

두근 두근 **"윈드서핑"**

"윈드서핑"을 한번 보신 적이
있으세요? 강이나 바다에서 조그마한 널빤지(board)를 띄워 놓고 그 위에 돛
(sail)을 달아 바람으로 가는 아주 작은 요트(yacht)입니다. 서울 한강 뚝섬유
원지에 가면 많이 볼 수 있지요.

만약 당신이 윈드서핑을 배워 타게
되면 사람들은 당신을 보고 "참 멋이 있다!" 이런 말이 저절로 나오게 됩니다.
당신은 저절로 "멋쟁이"가 됩니다. 출렁거리는 물 위에 이 널빤지를 띄워 놓
고 그 위에 올라가 타게 되면 자꾸 넘어지려고 하지요. 넘어지지 않으려고 균
형을 잡다 보면 운동이 되고 또 두근두근 설레게 됩니다.

요즘 "윈드서핑(windsurfing)"은 옛날과는
많이 달라졌습니다. 우선 비용이 별로 들지 않습니다. 돈이 많이 들지 않는다
고 이야기를 해도 사람들이 잘 믿으려 하지 않아 안타깝습니다. 윈드서핑은 타
기도 쉬워졌고 배우기도 쉬워졌습니다. 첨단 과학기술이 발달하여 최근에는
윈드서핑 장비가 엄청나게 발달되었기 때문이기도 합니다. 이제는 아무나 배
워 탈 수 있게 된 것이지요.

수영을 못해도 윈드서핑을 탈수 있습니다.
한쪽 다리가 없는 '장애인'도 탑니다. 그래서 이번
코로나19 사태 이후 이 윈드서핑은 전 세계적으로 인생을 멋지게 살아가는 새
로운 한 방법으로 각광을 받게 되었지요.

출렁거리는 "물(water)" 위에서 타고
노는 "수상 스포츠(water sports)"이지만 비록 그냥 가볍게 탈지라도 운동
이 많이 됩니다. 저절로 체중이 많이 빠지고 다이어트(diet)까지 됩니다. 그래
서 윈드서핑을 배워 타게 되면 자연적으로 "멋쟁이"가 되는 것이지요.

지금 바로 "윈드서핑"을 한번 시작해 보십시오.
만약 윈드서핑 타는 친구가 있어 안내를 받으면 더 좋겠지만 혼자서도 찾아와
시작하는 사람도 많습니다. 용기를 내어 책에 나와 있는 윈드서핑 클럽이나 교
습소에 전화를 한번 걸어 보십시오. 일단 시작만 하시면 당신의 인생이 달라질
것입니다.

이 책이 세상에 나오기까지 많은 분의 도움을 받았습니다.
우리나라 윈드서핑 발전을 위해 평생 몸을 바치신 이영태, 정운용, 양광율, 정
만희, 박진우, 김번, 한문철, 정승철, 최강열, 옥덕필, 장영주 님께 감사의 마음
을 전합니다. 이 책을 읽고 새로 윈드서핑을 시작하는 사람이 많아지기를 기원
합니다.

2023년 9월

정상대·우영애 드림

"윈드서핑"이란 무엇인가 ?

"윈드서핑"을
타게 되면?

" 인생 역전 "

할 수 있다 !

윈드서핑으로 새 삶을 찾은 한스 리거(Hannes Rieger)

After severe complications i lost my left leg.

출렁거리는 물 위에서 널빤지를 띄워 놓고
그 위에 올라가서 타고 바람으로 가는 것이 윈드서핑이다. 이 널빤지 위로 사
람이 올라가면 자꾸 넘어지려고 한다. 그러나 넘어지지 않으려고 균형을 잡다
보면 두근두근 설레이게 되는데 여기에서 윈드서핑의 매력을 느끼기 시작하
게 된다.

Hannes Rieger라는 사람이 있었다.

19살 고등학생이었을 때 교통사고로 다리 하나를 잘라내야만 했다. 부득이 왼쪽 다리 하나를 절단한 후 그의 삶은 두말 할 것도 없이 두려움과 참담한 절망뿐인 그런 세상이 되고 말았다.

절망의 어두운 세월 속에 어쩔 수 없이 살아가고 있는데 어느 날 윈드서핑을 타는 한 친구가 살며시 찾아와 엉뚱한 제안을 해왔다. "친구야, 너 윈드서핑을 한번 배워보면 어떨까?"라고 하였다. 한쪽 다리뿐인데 과연 윈드서핑을 탈수 있을까? 아무리 생각해도 한쪽 다리만으로는 탈 자신이 없었다. 그러나 친구의 도움을 받아 윈드서핑 보드 위에 올라가 한번 타보니 균형이 잡힐 것도 같았다.

예상 외로 Rieger는 한발뿐이지만 놀랍게도 넘어지지 않았다. 균형이 점점 조금씩 잡히고 서툴게나마 윈드서핑을 타기 시작하면서부터 두근두근 셀레이는 이 윈드서핑의 매력을 느끼기 시작하였다.

두근두근 설레이는 윈드서핑의 매력을 느끼고 그 매력에 빠져 들어가면서 Rieger는 이제 세상이 어떻게 지나가는지도 모르게 꿈같은 세상이 지나가고 있었다. 절망 속에서 삶을 포기하다시피 살아가던 그에게 윈드서핑이 지닌 매력의 세상에 빠져들면서 삶에 새로운 동력을 얻기 시작한 것이다. 한 여자와 결혼을 하게 되었고 대학에도 들어가 지금까지와는 전혀 다른 희망 속에 새로운 삶을 살 수 있게 되었다.

이와 같이 윈드서핑을 배워 타게 되면 윈드서핑이 가지는 두근두근 설레이는 그 재미에 빠져 인생이 역전되는 그런 기회가 마련되기도 한다.

"항상 젊게"

살 수 있다 !

92세 나이에 윈드서핑을 타 온 세상을 놀라게 하였다.
방송 인터뷰에서 "남자 애인" 하나 있었으면 좋겠다고 말하여 더욱 놀라게 했다.

윈드서핑을 배워 타게 되면 항상 젊게 살아갈 수 있다.
이 사람은 92세 할머니이다. 이탈리아 여인으로 이름이 Nonna Mariaccia
라 한다. 92세의 고령이지만 윈드서핑 타는 동영상을 보면 장비를 머리 위에
이고 직접 운반하면서 윈드서핑의 온갖 어려운 기술까지 선보이며 멋지게 타
는 모습을 볼 수 있다.

윈드서핑은 물(water) 위에서 타고 노는 "수상 스포츠(water sports)"의 하나이다. 비록 가볍게 탈지라도 출렁거리는 "물" 위에서 타는 스포츠이기 때문에 몸과 마음이 균형을 잡기 위해 요동을 치게 된다. 가슴이 울렁거리게 되고 젊음의 마음이 용솟음 치게 된다. 이러한 것들이 항상 젊음을 유지할 수 있도록 해주는 것이다.

92세인데 어떻게 윈드서핑을 타느냐? 물었다. 윈드서핑을 타다 보니 건강해지고 그래서 계속 윈드서핑을 탄다고 했다. 언제까지 할 거냐? 물으니 저승 갈 때 하나 가지고 가서 저승에 가서도 타고 싶다고 하였다.

이 말이 방송에서 히트를 쳤다. 그보다 더 히트 친 말이 하나 있다. 희망 사항이 뭐냐고? 물었다. Mariaccia는 의외로 "남자 애인이 하나 있었으면 좋겠다."라고 대답하여 모두를 어리둥절하게 하였다.

이와 같이 윈드서핑을 배워 타게 되면 건강해지고 "젊게" 생각하고 더 젊어지려고 한다.

 윈드서핑을 타는 92세 할머니 동영상
https://youtu.be/DWUvgmQpPrg

_{을 타면}

"혁신적"

으로 살 수 있다 !

윈드서핑의 정신은 "혁신적"인 것이다. Apple이 윈드서핑이 가진 그 "혁신적 정신"을 이용해 보려고 한때 윈드서핑 사업에 진출하려 한 적이 있다.

애플(Apple)하면 혁신과 도전의 상징이다.
그동안 Apple이라는 회사가 미국에서 탄생한 이후 많은 혁신적인 사업을 해 왔다. 특히 아이폰(iphone)이라는 스마트폰을 세상에 처음 만들어서 내어 놓아 사람들의 삶을 역사적으로 완전히 바꾸어 놓았다.
성서의 기록에 따르면 인간의 역사는 창세기 이전과 이후로 구분하는데, 현재를 사는 우리는 스마트폰과 함께 살아가는 삶과 스마트폰 없이 살아간 삶으로 구분된다고 한다.

이처럼 첨단의 변화를 몰고 온 Apple에서
회사 직원들에게 미래 지향적인 감각을 갖도록 하기 위해 윈드서핑 사업에 진출 해보려 했다고 한다. 최첨단을 달리는 Apple사에서 윈드서핑에 관심을 두었다는 사실만으로도 윈드서핑을 타게 되면 도전하는 삶으로 살 수 있다는 것을 느끼게 한다.

그러나 Apple사에서 윈드서핑 사업에
진출한다고 발표를 하여 전 세계 윈드서퍼들이 많은 기대를 걸었지만 발표만 했을 뿐이지 실제 진출하지는 않았다.

윈드서핑은 요트의 하나로서 신사도를
품은 멋진 스포츠이지만 그 근저에는 도전이라는 무서운 정신이 숨어 있다. 이와 같이 윈드서핑을 배워 타게 되면 윈드서핑이 무엇인가를 설명해주는 Samuel Ullman의 시 「youth」에서 보는 바와 같이 도전적이고 꿈이 있는 그런 멋쟁이가 될 수 있다.

나이 들어 타면 "오빠"!

윈드서핑은 배워 타기가 힘든 줄로만 안다.
쉽게 배워 타는데도 불구하고 나이 든 사람이 타면 신기해 한다.

노인이 윈드서핑을 타면 젊은 "오빠"!~ 라며 함성이 터진다 !

노인 老人 오빠 !

靑春 (청춘) 'Youth' 이란 ?

_____

청춘이란
인생의 한 과정이 아니라 마음가짐이다
발그레 한 볼, 앵두 같은 입술, 유연한 무릎이 아니라
강인한 의지, 풍부한 상상력, 불타오르는 열정이며
삶의 깊은 샘물에서 솟아나는 신선한 정신이다

청춘이란
두려움을 이기는 용기
안일함을 뿌리치는 모험심
때로는 스무 살 청년보다 일흔 살 노인이 더 청춘이다

-Samuel Ullman 『youth』 중에서

Samuel Ullman의 이 「youth(청춘)」은
윈드서핑 요트라는 것이 무엇인가를 잘 설명해주는 시(詩)로도 알려져 있다.
영국왕립요트협회(Royal Yachting Association) 출판부에서 발간되는 책
들에서 이 Ullman의 「youth」 시가 많이 인용되고 있으며 요트 전문잡지인
《BOARD》지나 《American Windsurfer》 잡지 등에서도 이 시가 등장하
고 있다.

우리나라는 3면이 바다인 좋은 환경임에도
불구하고 역사적으로 불행하게도 배를 타는 그런 해양문화를 발전시켜 오지
못하였다.
그래서 만약 누가 요트를 탄다거가 윈드서핑을 탄다고 하면 "뱃놈"으로 비하
하거나 아니면 별난 사람, 좀 이상한 사람으로 여기는 것이 우리나라 해양문화
이다.

아니다. 요트 윈드서핑을 타는 사람은
결코 그렇게 별난 사람들이 아니다. Samuel Ullman 시에서 보는 바와 같
이 요트인들은 파도를 헤치며 두려움을 이겨 보려는 용기를 가진 사람들이
고 안일함을 뿌리쳐 보려는 모험심을 가진 사람들일 뿐이다. 요트맨 콜럼버스
(Christopher Columbus)는 무동력 요트를 타고 오직 순수한 바람의 힘으로
America 신대륙을 발견하여 사람들의 삶을 엄청나게 변화시켰다.

그러나 윈드서핑이나 요트가 무엇인지 모르고
타보지도 않은 사람들의 눈에는 요트인들이 뭔가 좀 이상한 그런 사람으로 보
일 뿐이다.

엄청 달라진
요즘 *윈드서핑* !

두근두근! 설레임!
윈드서핑 요즘 엄청 달라졌다!

윈드서핑은 "꿈"을 주는 멋진 "leisure sports"이다.
한 젊은이가 "꿈과 희망"을 안고 윈드서핑을 타고 출발하고 있다!

'윈드서핑'이라는 것은
강이나 바다에서 물 위에 조그마한 널빤지를 띄워 놓고 그 위에 돛(sail)을 달아
바람으로 가는 것이다. 서울 한강 뚝섬유원지에 가면 많이 볼수 있다. 그런데 요
즘은 엄청 많이 달라졌다.

'수영' 못해도 된다

수영을 못하는데 탈 수 있느냐 ? 라고 묻는 사람들이 많다. 수영을 못해도 탈 수 있다. "구명복(life jacket)"을 입기 때문이다.

구명복을 입으면 든든하다. 물에 빠져도 몸이 뜨기 때문에 안심해도 된다. 구명복은 유람선 등에 비치되어 있는 그런 형식적인 "구명조끼"가 아니다.

수영을 아무리 잘한다 할지라도 구명복을 반드시 입고 윈드서핑을 타도록 하고 있다. 의무사항이다. 만약 구명복을 입지 않으면 윈드서핑을 타지 못하게 하고 퇴장을 시킨다. 수영을 못하는 사람이 윈드서핑을 배우면 훨씬 더 빨리 배운다.

'배우기' 쉬워졌다

요즘은 배우기가 엄청 쉬워졌다.

어쩌다 윈드서핑을 한번 접해 볼 기회가 생긴다면 마치 거짓말 같이 쉽게 배워 탈 수 있다는 사실을 알게 되어 모두들 놀란다. 첨단 과학이 발달하여 장비가 좋아졌기 때문이다. 그래서 처음 배우는 사람도 옛날과는 달리 금방 배워 탈수 있게 되니까 참 신바람이 나기 마련이다. 배우기가 쉬워지면서 요즘은 나이 많은 사람, 아기 엄마 심지어 장애인까지도 쉽게 배워 많이 타고 있는 실정이다.

'장비가' 간단하다

윈드서핑은 요트이다.

요트는 바다에서나 강물 위에 띄워 보관을 한다. 요트를 트레일러에 실어 집에 가져와 보관하는 경우도 있지만 힘들다.

외국에 가서 요트를 타려면 자기 요트를 가져가 타기가 쉽지 않다. 그곳에 있는 요트를 빌려서 타기 마련이다.

그런데 윈드서핑은 요트이면서도 일반 요트와는 너무나 다른 점이 많다.

일단 장비가 엄청 간단하다. 장비는 보드, 마스터, 세일, 스케그 4개의 부품으로 되어 있지만 요즘은 이 4가지 부품을 모두 접을 수 있게끔 발달되고 있다. 그래서 장비를 전부 다 접어 가방에 넣어 들고 다닐 수 있게 되었다. 외국에 가서 타고 싶으면 장비를 가방에 넣어 그것을 들고 외국에 가서 풀어 놓고 타면 된다. 장비가 그만큼 간단하여 편리하다.

'돈'이 안든다

사람들은 윈드서핑 타는 데 돈이 많이 드는 것으로 생각하고 있다. 매우 잘못 알려진 사실이다. 사람들은 잘 모르면서 자기 생각만으로 돈이 많이 드는 것으로 오해를 하고 있다. 돈이 별로 안 든다고 아무리 설명해도 사람들이 믿으려 하지 않는다.

물 위에서 바람으로 타는 것이 윈드서핑이다.

물을 이용하여 타지만 "물값"을 지불해 달라는 사람은 없다. 옛날에 봉이 김선달이 대동강 물값을 받았다는 이야기가 전해 내려오고 있지만 그것은 어디까지나 옛날 이야기다. 윈드서핑을 타는 데에는 우선 물값이 안 든다. 또 바람은 자동차의 휘발유에 해당되어 윈드서핑의 동력원인데 이 "바람값"을 달라는 사람도 없다. 그냥 전부 다 공짜로 쓴다. 장비는 한번 사면 평생 쓸 수 있다. 중고 장비는 아주 싸다. 그래서 처음에 장비만 사면 그 이후에는 사실상 돈 들 것이 거의 없다.

'멋'이 있다

윈드서핑은 "멋"이 있다는 것이 특징이다.

누가 윈드서핑을 탄다고 하면 사람마다 "멋있구나!"라는 말이 저절로 나오게 된다.

윈드서핑은 요트(yacht)의 일종이지만 요트 중에서 유일하게 서서 타는 작은 요트이다. 윈드서핑은 그 자체가 사람에게 "멋"을 내게 해주는 그런 "레저"이면서 "스포츠"이기 때문이다. 그래서 윈드서핑을 레저 스포츠(leisure sports)라고 한다. 윈드서핑을 레저 스포츠라고 하지만 윈드서핑을 제외한 다른 요트들은 레저 스포츠라고 잘 하지 않는다. 그만큼 윈드서핑을 타는 멋과 일반 다른 요트를 타는 멋이 다르다.

'온 가족'이 함께 하는 스포츠

윈드서핑이 배우기가 쉬워지고 타기도 쉬워지면서
이제 전 가족이 함께하는
그런 스포츠로 발전해 가고 있다. 최근에 보게 되는 엄청난 변화이기도 하다. 요즘 서울 한강 윈드서핑장에는 온 가족이 다 함께 나와 놀고 있는 모습을 많이 볼 수 있다.

사람들은 윈드서핑이 평화로운 "가족 스포츠"라는 것을 잘 모른다.

동남아 일대 필리핀이나 베트남에 한국인 운영하는 저렴한 윈드서핑장이 상당히 많다. 추운 동절기에 온 가족이 함께 따뜻한 동남아 지역 필리핀이나 베트남으로 윈드서핑 camp 여행을 떠나기도 한다. 따뜻한 해변에 온 가족이 모여 앉아 윈드서핑을 타면서 그냥 추운 겨울을 따뜻하게 지내고 돌아오면 기분이 달라진다. 동남아 일대는 온 가족이 함께 가도 비용이 적게 들어 최근에 가족 camp가 점점 늘어나고 있는 실정이다.

'운동'이 많이 된다

출렁거리는 물(water) 위에서 타고 노는 "수상 스포츠(water sports)"이기 때문에 그냥 가볍게 탈지라도 윈드서핑은 운동이 많이 된다. 그래서 체중이 빠지고 다이어트(diet)가 저절로 된다. 바람이 불지 않으면 동력원이 없기 때문에 윈드서핑을 탈 수가 없어 물 위에서 그냥 놀게 된다. 윈드서핑을 타지 않고 물위에서 그냥 놀기만 해도 운동이 된다. 윈드서핑 타는 사람 치고 뚱뚱한 사람은 보기 힘들다.

또 육체적 운동이 많이 되는 스포츠이지만 물 위에서 균형을 잡는 운동이기 때문에 "정신운동"까지 된다.

"두근 두근" 설레이게 된다.

강이나 바다에서 널빤지를 띄워 놓고 그 위에 올라가서 타고 바람으로 가는 것이 윈드서핑이다. 출렁거리는 물 위에 널빤지를 띄워 놓고 그 위에 사람이 올라가면 자꾸 넘어지려고 한다. 넘어지지 않으려고 균형을 잡다보면 두근두근 설레이게 된다. 이것이 윈드서핑의 매력이다.

바다나 강의 물 위에는 항상 파도가 치고 있다.

이 파도(wave)라는 것은 항상 새롭게 밀려온다. 항상 새롭게 밀려오는 파도이기에 윈드서핑 타는 사람의 마음을 용솟음 치게 하고 더 설레이게 한다.

"신사운동"이다

윈드서핑은 최근에 개발된 요트(yacht)의 일종이다.

요트(yachting)의 그 역사는 참 오래 되었다. 앞으로 왕이 될 왕자에게 "신사정신"을 몸에 배게 하기 위해 요트(yachting)를 가르쳤다고 한다.

요트의 신사 정신은 지나치게 신사적인 면이 많아
이해하기 힘든 부분이 많다. 배구, 축구, 야구 등 모든 스포츠 경기에서 상대방을 속이는 동작 치팅(cheating)을 하여 점수를 올리고 승리로 이끈다. 이것은 모든 종목에서 경기를 하는 기본 전략이다.

그러나 요트에서만은 이처럼 상대방을 속이는
동작은 하지 못하게 하고 있다. 서로 경쟁을 하는 경기인데 속임 동작을 못하게 한다니 이것이 경기냐고 묻는 사람도 있다. 하지만 요트는 다르다. 요트는 차원이 다른 신사운동이다. 골프가 "매너"를 중요시하는 신사운동이라지만 신사적인 면에서 보면 윈드서핑 요트에 명함도 못 낸다.

요트(yachting)는 "신사정신"을 상징하는 sports로 알려져 있다.

PART 1

나도 과연 탈 수 있을까 ?

Q "수영"을 못하는데 ?

"수영"을 못 해도 윈드서핑을 탈 수 있다.

A

수영을 못해도 헤엄을 못 쳐도 윈드서핑을 배워 탈 수 있다.
만약 수영을 잘한다면 더 좋겠지만 수영은 필수조건이 아니다.

수영을 못하는데 윈드서핑을 할 수 있느냐고?
묻는 사람들이 의외로 많다. 윈드서핑을 탈 때는 항상 구명복을 입는다. 구명복을 입으면 물에 빠져도 몸이 뜨기 때문에 매우 안전하다. 유람선에서 비치해 두는 그런 형식적인 구명복과는 다르다. 윈드서핑은 타면서 항상 최악의 위험 상황까지 대비를 하고 있다.

바다나 강에서는 갑자기 돌풍이 불어 오기도 한다.
돌풍이 불어와 혼자 저 멀리 떠내려 갈 수도 있다. 만약 혼자 멀리 떠내려 갔을 경우 비록 수영을 아무리 잘한다고 할지라도 구조선이 올 때까지 버티기 힘들지도 모른다. 그래서 항상 구명복을 반드시 입고 윈드서핑을 타도록 하고 있다. 구명복을 입지 않으면 윈드서핑을 타지 못하게 하고 퇴장을 시킨다.

수영을 못하는 사람이 윈드서핑을 배우기
시작하면 처음에는 주저하며 겁을 많이 낸다. 그런데 희한한 것은 수영을 못하는 사람은 윈드서핑을 배우기 시작하면 그 배우는 속도가 더 빠르다는 점이다.

처음에는 수영을 못해도 윈드서핑을 타다 보면
나중에는 자연스럽게 수영도 저절로 할 수 있게 된다.

자연적으로 수영을 할 수 있게 될 때,
그때 진짜 "windsurfing 타는 맛"이 난다고 한다.

Q "아기 엄마" 인데 ?

요즘 여자들이 늘고 있다. "아기엄마"는 물론 "임산부"까지도 탄다. 윈드서핑은 남자만이 타는 거칠고 힘든 것인 줄로만 알고 있다. 아니다. 감미롭고 부드러운 "leisure sports"이다.

"아기 엄마"라 할지라도 탈 수 있다.

요즘은 중년 여성들이 윈드서핑을 한번 배워 보겠다며 윈드서핑장에 나타나기도 한다. 이런 것을 보면 요즘 세상이 변해간다는 느낌 을 받는다. 이것은 참 놀랍고 옛날에는 상상도 못할 일이다.

이제는 살아가면서

원가는 자기가 하고 싶은 것을 해 가면서 살아가는 그런 세상으로 바뀌어 간다는 것을 느끼게 한다. 윈드서핑은 혼자 타는 스포츠이다. 단체 종목이 아니다. 처음에는 혼자로 시작하지만 윈드서핑을 타게되면 어차피 여러 사람과 같이 어울려서 타게 된다.

아기를 업고 윈드서핑을 탈 수는 없다.

타는 동안에는 아기를 떼어 놓고 다른 사람에게 좀 맡겨야 한다. 윈드서핑장에 아기를 데리고 오면 아기를 봐 주겠다는 사람이 많을 것이다. 그런데 지금은 어린 아기이지만 아기는 금방 자란다. 그러나 윈드서핑은 평생 동안 타는 스포츠이다.

윈드서핑 타러 오면서 아기를 데리고 오는

사례는 간혹 볼수 있다. 요즘 외국 윈드서핑 잡지에서는 연세가 많아 보이는 중년 여성분들이 윈드서핑 잡지의 표지인물로 자주 등장하기도 한다.

연세가 많으신 여성 분들이

윈드서핑 잡지의 표지 인물로 등장한다는 사실은 이제 세계 각국에서 연세가 많으신 여성 분들이 윈드서핑을 많이 탄다는 것을 말해 준다. 중년 여인의 삶의 세계가 많이 달라져 가고 있다는 사실을 윈드서핑에서 느낄 수 있다. 자전거는 한번 배워 타게 되면 평생 동안 탈수 있듯이 윈드서핑도 한번 배워 타게 되면 그냥 평생 동안 탈수가 있다.

3살과 8살의 두 아기를 낳은 후

윈드서핑을 처음 시작한 Miriam Rasmussen 님은 "여성은 윈드서핑을 꼭 배워야" 한다고 한다. 꼭 배워야 한다는 다음 "10가지 사유" 가 화제가 되고 있다.

10 reasons why every girl should start windsurfing!
https://miriamrasmussen.wordpress.com/2014/11/19/10-
reasons-why-every-girl-should-start-windsurfing/

3살, 8살 아기를 출산 후 윈드서핑을 배워 타기 시작한 Miriam 여사

여자는 "윈드서핑"을 꼭 배워야 한다는 10가지 이유를 제시한 Miriam 여사

Miriam이 말하는 "여성이 *윈드서핑*을 꼭 타야할 이유"

1. 몸매가 꿈같이 예뻐진다.	Transform your body dream
2. 마음껏 먹을 수 있다.	Eat anything you want
3. 세상살이 걱정이 사라진다.	Forget your worries
4. 행복한 사람을 만나게 된다.	Surround with happy people
5. 기찬 해외여행이 된다.	Travel wonderful world
6. 피부가 예뻐진다.	Look like beach babe
7. 남자들의 인기를 얻는다.	Men love windsurfing girls
8. 아무리 늙어도 탈 수 있다.	It's forever
9. 엄청 재미가 있다.	Never get bored
10. 자신감이 늘어난다.	Build your self-respect

유럽에서는 윈드서핑에 대해 젊은 여성 분들이 환호하고 있다. 심지어 임신부까지 타고 있다.
윈드서핑은 활동적이면서도 평화로운 스포츠이다. 임산부들도 운동은 다소 해야 한다고 한다. 윈드서핑은 임산부에게도 적합한 스포츠로 알려져 있다.

임신중에도 윈드서핑은 물론 더 힘든 'surf' 까지 타는 Lapina 여사

Q "운동"을 싫어하는데 !

윈드서핑은 레저 스포츠(leisure sports)이다. 소파에서 일단 일어나
운동이라고 생각하지 말고 그냥 레저로 즐긴다고 생각하면 된다.

A

　운동을 싫어한다든가 운동신경이 둔하다든가 운동에 소질이 있고 없고
또 운동을 잘하고 못하고는 아무런 상관이 없다.

TV 등에 나오는 윈드서핑 타는 장면을 보면
대개 발랄한 젊은 사람이 타는 장면이 많이 나온다. 저렇게 운동을 잘하고 소질
이 있어야만 윈드서핑을 타겠구나!
이런 생각이 들기 마련이다.

절대 아니다.
운동신경이 둔하고 운동에 소질이 없는 사람도 얼마든지 배워 탈 수가 있다. 운
동을 잘하는 사람이 하는 스포츠가 아니다. 운동과는 벽을 쌓아 운동을 전혀 못
하는 사람도 배워 타게 되면 인생이 달라질 수 있다.

아무리 운동능력이 없다고 하더라도
타는 법을 배워서 그냥 자기 능력대로 타면 된다.
등산은 몸이 강한 사람만이 하는 게 아니다. 걸음을 겨우 걷는 80대 노인네가
뒷동산에 열심히 걸어 올라가 보는 등산이 더 귀중한 등산이다.

교통사고로 한쪽 발목을 잘라버려
목발을 짚고 겨우 걸어 다니는 사람도 윈드서핑을 배워 잘 타고 있다.
운동신경이 둔하고 운동에 소질이 있고 없고는 아무런 상관이 없다. 윈드서핑
을 한번 배워 타보겠다는 의지만 있으면 된다.

윈드서핑은 바람이 있어야 탄다.
바람이 없으면 타지 못한다. 타러 나왔다가 바람이 없어 타질 못하고 빈둥거리
다가 그냥 집으로 가는 날이 상당히 많다. 바람이 없으니 윈드서핑을 타지는 못

하고 물 위에서 풍덩거리며 시간을 보내다 가기 마련이다.

놀라운 연구 논문이 하나 있다.

미국윈드서핑협회(American Windsurfing Industries Association)의 의뢰를 받아 미국 미시간대학교(The University of Michigan)에서 8년간에 걸쳐 성인 23,000명의 많은 사람을 대상으로 추적 조사한 연구논문이다.

이 연구 논문에 의하면

윈드서핑은 "self creative" 기능이 있다고 한다. 윈드서핑에 사람을 신바람이 나게 하는 그런 기능이 있다는 사실이 밝혀진 것이다. 그래서 윈드서핑은 "우울증" 치료에 좋으며, 운동을 싫어하여 방콕(방구석에 콕 처박혀 운동을 안 한 사람)인 사람이 운동을 시작하는 데 가장 효과적이라는 것이 밝혀진 것이다.

이러한 사실은 방대한 데이터를 분석한 Michigan 대학 교수님들에 의해 과학적으로 검증된 사실이다. 이 데이터 분석은 운동을 싫어하고 운동에 소질이 없는 사람들이 시작하기 가장 좋은 운동이 바로 윈드서핑이라는 점이 증명된 것이다.

운동에 소질이 없다는 것은 자기만의 생각인지 모른다.

운동이 하기 싫어 방에만 콕 처박혀 사는 사람들 소위 말하는 "방콕"이라는 사람들에게 운동을 시작하기 가장 적합한 스포츠가 윈드서핑이라는 사실이 과학적으로 입증이 된 것이다. 지금 바로 윈드서핑을 시작하면 인생이 달라지게 될 것이다.

대학교수님들 연구 논문은 아래 웹사이트에서 볼 수 있다.
http://www.uswindsurfing.org/usw_library/other/wf_
market_94%20.pdf

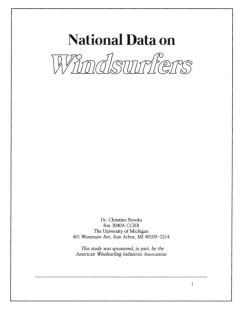

윈드서핑이 운동을 싫어하는 사람이 처음 시작하기
좋은 스포츠라는 Michigan대학교의 윈드서핑 연구 논문

Q "나이" 많은데?

나이가 많아도 윈드서핑을 탈 수 있다는 이야기를 들은 적이 있는데 배워 탈 수 있나요?

윈드서핑이 노인에게 가장 적합한 운동이라는 것이 과학적으로 입증되어 있다.

A

노인도 탈 수 있다.

이제 노인들도 신바람이 나는 운동을
해 가면서 이 세상을 즐기며 살아가는 세상으로 바뀌었다. 나이가 많은 늙은 노
인네가 처음으로 운동을 시작하는데 적합한 운동 종목이 "윈드서핑"이라는 것
이 증명되었다. 이것은 미국윈드서핑협회 요청에 의하여 미국 미시간대학교에

서 성인 23,000명의 많은 사람을 대상으로 추적 조사하여 밝혀진 사실이다.

요즘은 60살이 넘어서 처음으로
윈드서핑을 시작하는 사람들도 상당히 많다. 나이 60 정도면 지금 시작하기 참
좋은 나이다. 자신은 지금 늙었다고 생각하고 과연 윈드서핑을 시작할 수 있을
까? 이런 의심을 할 것이다. 절대 그렇지 않다. 요즘 세상 많이 바뀌었다. 배우기
가 아주 쉬워졌다. 거짓말 같이 배우기가 쉬워졌다.

나이가 들어서는 운동을 처음 시작하면서
관절에 손상을 입는 경우가 참 많다고 한다. 퇴행성관절염 유병률은 우리나라
노인들 10명 중 8명이나 앓고 있다고 한다. 윈드서핑은 관절에 부담을 주는 운
동은 아니다. 또 노인은 넘어지는 낙상 사고도 많은데 윈드서핑은 균형을 잡는
운동이기 때문에 윈드서핑 타는 사람은 잘 넘어지지 않는다.

지금 60살 정도 나이에 윈드서핑을 배워
타기 시작한다면 남은 생은 참으로 멋지고 아름다운 인생이 될 것이다. 나이가
들어서 운동은 늦게 시작해도 효과가 있다고 과학적으로 입증이 되어 있다. 또
운동을 하는 고령자는 중대 질병에 걸려도 예후가 좋다고 한다.

퇴직 후에는 고정 수입이 없기 때문에
경제적 사정도 고려해야 할 것이다. 윈드서핑은 비용이 거의 들지 않는다. 장비
는 한번 사면 평생 탄다. 물 위에서 바람으로 타지만 누가 "물값" 달라는 사람
도 없다. 그리고 "바람값" 달라는 사람도 없다. "그린피(green fee)" 라면서

장소 값을 내라는 골프와는 근본적으로 다르다. 윈드서핑은 멋있고 품위 있는 여생을 살아보려는 사람의 최고의 선택이다.

지금 우리네 노인 분들은 직장 생활 하시면서
일생 동안 일만 하면서 열심히 살아 왔다. 요즘 직장 퇴직 후에 흥미 검사와 MBTI 진단 검사를 해보니 평생 해 온 직장 생활이 자기와 맞지 않다는 사실을 알게 된 사람들이 많다고 한다. 자신의 참 모습을 발견한 것이다.

아이고! 내가 평생을 헛살았구나!
이제는 진짜 내 삶을 새로 시작해야 하겠구나! 새로운 삶을 찾아 신나게 시작하는 사람도 많아지고 있다.

요즘 인생은 "은퇴"라는 것이
없어졌다고 한다. 최근 서울대학교 트렌드분석센터에서 2019년도에 퇴직한 700명을 대상으로 조사한 결과 "은퇴란 없다"가 30% 나왔고 "내 인생을 새로 찾을 것"이라고 대답한 사람이 22% 이었다고 한다. 많은 사람이 퇴직한 후에 활기찬 새 삶을 시작하고 있다고 한다.

윈드서핑은 "멋"있는 스포츠이다.
늙어서 윈드서핑을 타게 되면 타는 걸 보고 "오빠"라고 부를 만큼 멋이 있다. 윈드서핑을 배워 타기 시작하면 앞으로 꿈같은 "새로운 삶"을 시작할 것이다. 지금 시작하면 인생의 마지막이 되는 날 한평생을 뒤돌아 보면서 일생 중에서 가장 잘한 선택이 "윈드서핑"을 시작한 것으로 느끼게 될지도 모른다.

1939년생 김병욱 윈드서퍼

서울 한강 Super Star Club에 김병욱이라는 분이 계신다.

39년생이다. 지금 84세이다. 그분은 나이가 70을 훨씬 넘어 처음으로 시작했다. 지금은 아주 신바람 나게 잘 탄다. 추운 겨울을 빼고는 항상 한강으로 출근하다시피 나와 즐겁게 시간을 보내고 있다.

나이가 70 넘어 윈드서핑을 시작했고

이제 80 나이가 훨씬 넘었음에도 불구하고 윈드서핑을 시작한 후 인생을 매우 "활발"하게 살고 있다. 젊은이들도 어려워 하기 힘들어 하는 고급 기술인 워터스타트(water start)나 자이빙(gybing)에 도전하고 있어 모두들 찬사를 보내고 있다.

Q "허약 체질" 인데 ?

윈드서핑은 허약한 체질일수록 그 효과가 더 좋다.

A

걸어서 목욕탕에 갈 수 있으면

윈드서핑을 탈 수 있다는 말이 나올 정도로 몸이 허약한 사람일지라도 윈드서핑을 배워 탈수 있다. 윈드서핑은 심한 운동이 아니다. 물에서 노는 스포츠이다. 몸이 허약하면 허약한 대로 윈드서핑을 타면 되고 그것이 더 재미가 있다.

몸이 허약한 사람들은 대개 운동을 싫어하기 마련이다. 노인 분들은 대체로 한 두 가지 지병을 다 가지고 있다. 노인들은 비록 허약할지라도 운동은 해야 한다고 한다. 규칙적인 운동을 해가면 삶의 질이 향상된다. 그러나 운동을 해야 한다고 하지만 노인의 경우 퇴행성 관절염이 많기 때문에 달리기와 뛰기 같은 운동은 오히려 해로울 수도 있으며 윈드서핑이 노인에게 적합한 운동이라고 과학적으로 이미 증명되어 있다.

등산을 생각해보자. 웅장한 높은 산을 강하게 오르는 것이 좋은 등산으로 생각한다. 몸이 건장하여 등산을 강하게 한다면 그런 재미는 있을 것이다. 반면에 겨우 걸을 수 있는 80세 할아버지가 설금 설금 뒷동산에 올라가는 등산도 엄청 좋은 등산이라고 볼 수도 있을 것이다. 몸이 허약한 사람이 하는 엉금엉금 걸어 올라가는 등산이 건강에 더 좋은 등산이 되고 기분이 더 좋아지게 될 것이다.

윈드서핑은 보기에는 체력이 좀 있어야 탈 것 같이 보이지만 강한 체력을 요구하지 않는다. 몸이 허약하다면 몸에 부담을 주지 않는 범위 내에서 타면 된다. 윈드서핑을 계속 타게 되면 신바람이 나 육체적인 몸이 강하게 단련될 수도 있겠지만 정신적으로도 더 활발해져 삶에 생기가 나게 된다.

Q "시간" 이 없는데 !

A

아무리 바빠도 탈 수 있다.

요즘 세상 살아가는 사람 치고
바쁘지 않은 사람 없을 것이다. 남녀노소 할 것 없이 요즘은 누구나 다 바쁘다.
시간을 쪼개고 쪼개어 쓰면서 바쁘게 살아가고 있다. 모두들 바쁘지만 윈드서
핑을 한번 배운 다음 틈틈이 시간을 내어 타게 되면 더욱 신바람이 난다.

바쁜 직장인에게 윈드서핑이 인기가

좋은 것은 타기 위한 준비 시간이 짧다는 것이다. 요트에서 타기 위하여 준비하는 것을 "범장"이라고 한다. 요트의 범장은 일반적으로 시간이 많이 걸린다. 그러나 윈드서핑의 범장은 아주 간단하여 시간이 많이 걸리지 않고 금방 탈 수 있다.

옛날에는 배우는 데 시간도 걸리고

힘들었다. 요즘은 배우기가 너무 쉬워졌다. 우선 장비가 좋아졌기 때문이다. 또 배우는 요령도 옛날과는 다르다. 배워주는 요령이 좋아져 빠르게 배우게 된다. 이젠 한번 배워 타겠다는 마음만 먹으면 다 된다.

요즘 윈드서핑을 타는 동호인이 대략 20만 명 정도로 추산을 하고 있는데 이들 동호인 전부는 사실상 모두 바쁜 상황이라고 볼 수 있다.

바쁜 와중에도 일단은 시간을 내어

타는 법을 배워만 두면 된다. 타는 법을 배운 다음 시간이 나는 대로 물가에 가서 즐기면 된다. 처음에는 장비를 사지 말고 빌려서 타면 된다. 바쁠수록 짬을 내어 윈드서핑을 타고 나면 기분은 더욱 상쾌해진다.

Q "깊은 산골"에 사는데 ?

강도 바다도 없는 깊은 산골 청송에 살고 있습니다.
윈드서핑 배우고 싶은데요 ?

A

경상북도 청송이라면

대한민국에서 둘째 가라면 서러울 만큼 깊은 첩첩 산골이다.

물이 없으면 윈드서핑을 탈 수 없다. 내륙에서도 호수가 있으면 호수에서 타기도

한다. 그러나 요즘은 도로가 잘 되어 있어 깊은 산골 내륙의 거주자들도 윈드서핑

을 타는 사람이 많아지고 있다. 옛날 같으면 상상도 못할 일이다.

일단은 윈드서핑 타는 방법을 배워야 할 것이다.

배운 다음 시간을 내어 바다에 가서 타면 된다. 청송인 경우 가까운 포항이나 후포에 가면 타는 사람이 많으니 그곳에 가서 타면 된다.

지금 우리나라 교통은 상당히 편리해졌다.

옛날에는 바닷가 사람들만 탔으나 요즘 내륙 지방 사람도 많이 타는 세상이 되었다. 요즘 주 52시간제 근무를 시행하면서 취미 생활자에게 거리 관계는 상당히 극복되는 양상이다.

서울이나 부산 등에서는 장비를

해변에 있는 클럽에 보관 비용을 주고 보관하는 경우가 많다. 많이 안 타면 장비를 차에 싣고 다니면서 타도 된다.

시간 나는 대로 장비를 차에 싣고

이곳저곳 자기가 가고 싶은 해변으로 옮겨 가면서 타는 분도 많다. 일본 사람들은 장비를 자기 차에 싣고 다니면서 타는 사람이 많다.

요즘은 장비를 접으면 가방 안에 다 들어가기도 한다. 가방을 들고 다니면서 타는 사람도 많아지고 있다. 가방에 넣어 들고 외국까지 가서 타기도 한다.

© TrijiSurf

서울 한강 뚝섬 " 서울윈드서핑장 "

PART 2

참 쉬운

윈드서핑 배우기

"어디서" 배워요 ?

처음에 우선 윈드서핑 타는 법을
배워야 할 것이다. 행여 친구들 중에서 윈드서핑 타는 친구가 있으면 친구한테
한번 물어보는 것이 참으로 좋을 것이다. 친구가 없어도 개인적으로 혼자 윈드
서핑 클럽에 가서 배워 탈 수 있다. 단체 연수가 있을 시 단체에 참가하여 배울
수도 있다.

> naver에 들어가
> "윈드서핑 배우기"라고 쳐 본다.

NAVER | 윈드서핑 배우기 | 🔲 ▾ | 🔍

통합검색   블로그   카페   지식iN   이미지   동영상   어학사전 ▱   뉴스   더보기 ·   검색옵션 ·

어린이 윈드서핑 배우기 2017.06.06.
잔잔한 바람.파도가 배우기 최고의 환경이죠~ 어린이 윈드서핑은... 어른들과 함께하는 그
룹레슨은 힘들구요~ 개인레슨으로 운영하고 있어요~ 우리아이를 '간지쟁이...
crazy surfers blog.naver.com/cr...   🔲 약도 ·   **Smart**Editor (3.0)

꽝pic - 윈드서핑 배우기 2016.11.10.
윈드서핑 배우기 넷째날에 비로서 해보는 윈드서핑 예약을 해야하니 부랴부랴 9시 넘어서
예약하고.. 동생이 아이를 봐준다고해서 처음으로 아이들없이 오로지 나만의...
Fin del Mundo blog.naver.com/kimvia?Redirect=Log&logNo...   블로그 내 검색

서프오션 윈드서핑 배우기 2016.07.28.
이제 스킨스쿠버, 스노쿨링, 서핑, 볼룸점프, 윈드서핑 다 해봤당 ㅋㅋ 이제 요트만 운전할
줄 알면 되네 우혜혤 한강 뚝섬 윈드서핑 배우기 나쁘지 않네용 냐르냥냥...
조다의 해피블로... blog.naver.com/Jordykwon?Redirect=Log...   **Smart**Editor (3.0)

윈드서핑배우기 @ 빨리간두 2013.02.13.
날씨 따뜻해지면 한번 배워볼생각인데 다음 몰디브여행에선 멋지게 바람을 타며 윈드서핑
할 상상을 하니 배우기도전에 흐뭇한미소가... ㅎㅎㅎ)
Let's have fun! blog.naver.com/magia2001?Redirect=Log&lo...   블로그 내 검색

학교에서나 지방자치 단체에서

단체로 윈드서핑 교육을 하는 사례가 늘어나고 있다. 만약 단체에 참여할 기회가 되면 단체에서 배우는 것도 좋은 방법일 것이다. 그러나 단체 기회는 많지 않다. 단체로 배우는 것은 아무래도 개인적으로 배우는 것보다는 못하다.

개인적으로 배우려면 naver에

들어가 "윈드서핑 배우기"라고 쳐 본다. 많은 정보가 쏟아질 것이다. 전국에 걸쳐 윈드서핑을 배울 수 있는 정보가 다 나올 것이다.
해당 지역 윈드서핑 클럽에 문의를 해보면 될 것이다.

잘 모르겠으면 전국에 걸쳐 있는

그 지방 "윈드서핑 협회"나 아니면 아래 있는 윈드서핑 클럽 "홈페이지"를 클릭 해보는 것도 좋을 것이다.
다음의 지방 윈드서핑협회에 문의하면 좋은 정보가 쏟아질 것이다.

전국윈드서핑협회

번호	협회명	주소	전화
1	강원협회	강원도 속초시 중앙동 476-1 수정빌딩 4층 217-030	033)631-1472~3
2	경기협회	경기도 평택군 현덕면 권괄리 402 51-810	031)511-2888
3	경남협회	경남 마산시 합포구 신창동 2-1번지 631-360	055)146-3301
4	경북협회	경북 포항시 북구 흥해읍 죽천1리 110번지	054)243-5484
5	광주협회	광주광역시 북구 두암동 827-7 500-100	062)262-7447
6	대구협회	대구 수성구 범어4동 197-4 양지레저스포츠 217-030	053)756-0044
7	서울협회	서울특별시 광진구 자양동 563-1 클럽 22	02)455-6761
8	부산협회	부산 해운대구 우2동 1393 요트경기장내 612-022	051)747-6175
9	인천협회	인천시 중구 신흥2가 54-7 제향군인회관 1층 400-102	032)881-7007
10	울산협회	경남 울산시 남구 신정2동 1222-4 680-012	052)266-9781
11	전북협회	전북 김제시 백산면 화정리 16-14	063)547-6999
12	제주협회	제주시 이도2동 391 제주마린 690-161	064)752-7527
13	충남협회	충남보령시 신흑동 2017 대천한화콘도 1층	041)932-0713
14	충북협회	충북 청주 상당구 율량동 742 삼정A 201동 403호	043)153-3777

윈드서핑 클럽 '홈페이지' 주소

서울
서울연합회 www.seoulwindsurfing.com
가스트라클럽 뚝섬29호 www.hiwind.co.kr
전종근 윈드서핑뚝섬31호 cafe.daum.net/KOR030
스피드클럽 뚝섬33호 www.speed33.com
하이윈드뚝섬34호 www.hiwind.kr
리더스윈드서핑클럽 cafe.daum.net/neilpryde
마포윈드서핑클럽 cafe.daum.net/surfer73
반포윈드서핑 cafe.daum.net/banpowindsurfing
성산윈드서핑클럽 cafe.daum.net/sswindclub
슈퍼스타즈 www.windsurfingkr.com
윈드프리 클럽
windfree.cyworld.com, ndsurfingkr.com
까시맨프로클럽 뚝섬20호 club.cyworld.com/ClubV1
김쌍기 윈드서핑클럽 blog.naver.com/4443672
서프오션 www.surfocean.co.kr
레저메카 cafe.naver.com/windfree/2324

경기
경기연합회 cafe.daum.net/Gyeonggiwindsurfing
고양시연합회 cafe.daum.net/surfing5
화성시연합회 cafe.daum.net/obsurfing
시화어도윈드서핑클럽 www.windtop.com
시흥시 윈드서핑클럽 cafe.daum.net/idwindsong
평택시 평택호윈드서핑클럽 cafe.daum.net/ptwind

강원
동해망상클럽 cafe.daum.net/windpia22
강릉윈드서핑클럽 cafe.daum.net/hjpil
춘천윈드서핑클럽 cafe.daum.net/chuncheonwind

충청 대전
마파람클럽 cafe.daum.net/maparamclub
대전.충남 윈드서핑클럽
cafe.daum.net/gumgaramband
충남바람꾼 cafe.daum.net/chwm
대천주순안세일링클럽 cafe.daum.net/jsa3355

경북 대구
울진연합회 www.windpia.co.kr
포항연합회 cafe.daum.net/pwa
포항천해지풍클럽 cafe.daum.net/ssewind
안동연합회 cafe.daum.net/adwindsurfing
울진연합회카페 cafe.daum.net/winduljin
윤성수윈드서핑클럽 cafe.daum.net/jibingschool

경남 부산. 울산
부산연합회 cafe.daum.net/busanwinds
클럽허리케인 cafe.daum.net/duckpil
부산대학생 윈드서핑연합회 cafe.daum.net/buwa
울산연합회 cafe.daum.net/ulsanwindsurfing
울산 PWA국제윈드서핑대회 www.pwaulsan.com
윈드서핑모임 cafe.daum.net/windsurfing
태화강클럽 cafe.daum.net/ulsantwc
경남연합회 www.knwsa.org
통영시연합회 cafe.daum.net/tywins
거제 재철레이싱팀 cafe.daum.net/mistralteam
진주윈드서핑클럽 cafe.daum.net/jinjuwinds
마산D.ISLAND클럽 cafe.daum.net/D.ISLAND
진해윈드서핑클럽 cafe.daum.net/jinhaewind
창원해양레포츠클럽 cafe.daum.net/jh-marin

전남북 광주
광주 윈드서핑 cafe.daum.net/leisuresports
광주 써틴클럽 cafe.daum.net/windkiss
여수시연합회 cafe.daum.net/bichakr
무안군연합회 cafe.naver.com/muansailing
광양풍해인클럽 cafe.daum.net/seawinds
광양아카데미 cafe.daum.net/kywindacademy
금강ön써핑클럽 cafe.daum.net/jibeclub
군산윈드서핑클럽 cafe.daum.net/gunsanwind

제주도
제주연합회 cafe.daum.net/jejudowindsurfing
제주도 바람코지 cafe.daum.net/baramkogi
제주도 쥬티클럽 cafe.daum.net/011zooty
양덕중의 레포츠클럽'씽' jejusing.com
휘닉스 아일랜드 바람팀 cafe.daum.net/route66
윈드서핑걸 cafe.daum.net/winpinggirl

해외 한국인이 운영
마우이 이계승 cafe.daum.net/mauiks
마우이 이병훈 cafe.daum.net/windsurfer
마우이 이제혁 theshaka.com
베트남 윈드챔프 cafe.daum.net/saillingresort
캠프 무이네 cafe.daum.net/campmuine
보라카이 서프스테이션
cafe.daum.net/windsurfingboca

"클럽" 가보기

서울 한강 뚝섬의 서울윈드서핑장 모습이다. 60여 개 클럽이 있다. 시내 한복판 down town에서 윈드서핑을 타는 세계적 명소가 되고 있다.

naver에 나오는 윈드서핑 클럽 명단 중에서 여기저기 살펴본다. 각 지역별 사이트가 나와 있는 클럽의 "카페" 나 "홈페이지"에 직접 들어가 살펴보기도 한다. 들어가 보면 그 클럽의 성격이나 활동 상황을 대략 짐작해 볼 수 있다. 대게 배우는 요금까지 다 나와 있을 것 이다.

여기저기 들어가 살펴보고 마음에

드는 데를 한 군데 선택하여 전화를 해본다. 이것저것 문의도 해 본다. 만약 마음에 들면 한번 가보겠다고 약속시간을 잡는다. 자동차로 네비게이션을 켜고 찾아가거나 아니면 전철이나 버스를 타고 그 장소로 찾아간다.

서울인 경우는 윈드서핑 타는 장소가

여의도, 반포, 성산대교 아래 등이 있어 여러 곳에서 배울 수 있다. 광진구 뚝섬 유원지에는 "서울윈드서핑장"이 있다. 여기에는 60여 개 클럽이 있다. 배우기가 쉽다. 부산인 경우 송정해수욕장 그리고 울산은 진하해변으로 가면 된다.

서울윈드서핑장은 지하철 7호선

뚝섬유원지역에 내려 잠실 쪽으로 걸어가면 된다. 15분 정도 걸린다. 각 클럽은 번호를 붙여 놓고 있다. 클럽 번호를 물어 찾아가면 쉽게 금방 찾을 수 있다.

윈드서핑장까지 찾아가는 것만으로도

당신은 이제 윈드서핑을 타는 "멋쟁이"가 되기 시작한다. 당신은 인생의 한 변곡점을 맞게 되는 것이다. 대한민국 전체 인구 중 0.001% 안에 드는 "멋쟁이"가 되기 시작하는 것이다.

윈드서핑이 많이 달라졌다.

요즘 사람들은 윈드서핑이 달라진 것을 너무 모른다. 요즘은 배우기가 참 쉽다. 옛날과는 다르다. 옛날에는 윈드서핑을 배워 타기가 힘들었다. 요즘은 장비가 너무 좋아져 배우기가 엄청 쉬워졌다. 장비뿐만 아니라 배워 주는 기술까지 좋아졌다. 옛날에는 윈드서핑을 배우려면 최소 일주일 정도는 걸렸다. 요즘은 거짓말 같이 빨리 배운다. 대학생들은 배우러 와서 조금 배워 당일 바로 타기도 한다.

또 옛날에는 돈도 많이 들었다.
요즘은 돈도 안 든다. 옛날에는 젊은이들이 주로 탔다.
요즘은 젊은이들 수가 줄어들고 있다. 대신 나이가 많은 노인 수가 증가하고 있다. 요즘은 노인이 많이 탄다.

"초보자" 강의

처음 배우러 오면 우선 자세한 "설명"부터 해 준다.

맨 처음 배우러 오는 사람에게는

다소 긴장하기 때문에 시작하면서 우선 간단한 강의를 해준다. 강의라기보다

마음 편하게 간략한 설명을 해주는 것이다.

'windsurfing'이라는 것이 무엇인지? 어떻게 배우는지? 수영을 할 수 있는지? 간단한 설명과 함께 서로 이야기를 나누게 된다. 질문도 받는다.

요즘 배우러 오는 사람도 여러 이유가 있다.

배워서 앞으로 계속 타기 위해 오는 사람이 있는가 하면 우선 한번 타보고 맞으면 탄다는 사람도 있다. 아예 "one day lesson"으로 윈드서핑이 무엇인지 그냥 하루만 맛 보고 싶다는 사람도 찾아온다. 요즘 젊은 사람들의 유행이다. 그래서 설명도 그때그때 그 사람들의 상황에 따라 달라질 것이다.

요트나 윈드서핑은 처음 배울 때

배우는 순서를 정한 정통 교본이 있다. RYA영국요트협회에서 발행한 교본이다. 이 교본은 절대적 권위를 가지고 있으며 사실상 전 세계 표준이다. 교본에서는 처음부터 타는 방법을 배워서는 안 된다고 되어 있다. 기본이 되는 기초부터 차근차근 먼저 배워야 한다고 되어 있다. 이 교본대로 기초부터 배운 사람과 처음부터 그냥 막 배운 사람은 향후 발전 속도가 달라진다.

RYA 교본에서는

Level 1, Level 2 등 단계별 가르치는 순서를 정해 놓고 있다. 그런데 우리나라는 이러한 기본 자세는 등한시하고 그냥 바로 타는 것 중심으로 교육을 하는 것이 일반적이다. 가슴이 아프다.

타는 법 "배우기"

윈드서핑을 배우는 "연습용 모형기"

처음 배우는 사람을 위하여 제작한 "교육용 모형기"이다. 이것으로 배우면 금방 배우게 된다.

"모형기"라는 것이 있다.

초보자 연습용 윈드서핑이다. 처음 타는 사람들을 위해 만든 것으로 실제 윈드서핑과 똑같이 생겼다. 다만 윈드서핑 타는 요령을 설명하기 위해 만든 것이다. 이 모형기로 윈드서핑 타는 요령을 다 배우게 된다.

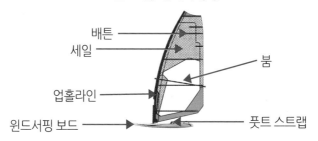

윈드서핑 장비의 명칭

배튼
세일
붐
업홀라인
윈드서핑 보드
풋트 스트랩

처음 시작하면 우선 여러 가지 명칭부터
알려주기 시작한다. 보드에 있는 부품의 명칭 그리고 세일의 각 부품 명칭을 알
려 준다. 그러고 나서 세일을 잡는 법, 돌리는 법 등 기본적인 것을 다 배우게
된다. 그 다음 타는 법도 배우게 된다.

타는 법 중에서 가장 중요한 5단계 기본 스텝(five step)이라는 것이 있다.

"5단계 기본 스텝(five step)"

이 5단계 기본 스텝은 기본으로서
참으로 중요하다. "5단계 기본 스텝"을 처음 설명 들어 보면 뻔하다고 느낄지
모른다. 물론 뻔하다. 그러나 뻔한 것을 반복 연습을 하는 것이 좋다.

탁구를 처음 배울 때 라켓을 들고
스윙하는 방법을 배운다. 빈 가라 스윙이다. 이 빈 가라 스윙 연습을 반복하여
많이 할수록 더 잘 치게 된다. 윈드서핑에서도 이 "5단계 기본 스텝"을 하나
둘 호령을 하면서 연습을 많이 하는 것이 바람직하다. 몸에 익혀야 한다.

5단계 기본 스텝 (five step)

뻔한 것을 반복 연습 하는 것이 좋다.

제1단계

스턴(선미) 쪽의 발을 보드의 중심 선상에서 어깨 넓이로 사뿐히 뒤쪽으로 벌린다. 마스트의 적립 상태를 유지하며 양손은 진행 방향의 어깨 쪽에 가깝게 업홀 라인 앞부분을 잡는다. 발을 뒤로 뺄 때 유의하지 않으면 세일과 보드의 직각 상태가 흐트러지기 쉽다.

제2단계

바우(뱃머리) 쪽의 발을 조인트 바로 옆에 붙인다. 1, 2단계의 동작은 세일링 하기 위한 기본 자세이다. 이 자세는 3단계 이하의 동작을 무리 없이 행하기 위한 열쇠가 된다.

제3단계

업홀 라인을 잡고 있는 아래쪽 손(마스트 손)을 위쪽 손 위로 교차시켜 붐을 잡는다. 마스트에서 15cm지점이 알맞다. 붐을 잡은 손끝을 이용해서 세일이 바람을 받지 않도록 한다.

제4단계

다리는 그대로 둔 채 몸을 진행 방향으로 돌린다. 이때 허리의 회전을 이용해서 붐을 수면과 평형이 되게 한다. 이때에 팔의 힘만으로 잡고 가려고 하지 말고 몸 전체를 이용하는 것이 핵심이다. 손끝으로 끌어당기면 세일에 바람이 들어가게 되어 러핑(세일을 바람이 불어오는 쪽으로 돌리는 것)으로 연결된다. 세일에 바람을 넣지 않는 것은 그 때문이다

제5단계

업홀 라인을 잡고 있는 손(세일 손)을 붐으로 옮긴다. 이때 붐을 잡은 손의 위치는 마스트에서 어깨 넓이가 적당하다. 마스트 손을 축으로 삼아 세일 손을 앞으로 조금씩 당긴다. 이때 세일은 바람에 나부끼게 된다. 세일이 바람만큼 무거워지므로 체중으로 균형을 맞춘다.

"준비 운동" 하기

물에 들어가기 전에 "준비 운동"으로 몸을 풀고 들어간다.

모든 스포츠에서는 "준비 운동"을 한다.

윈드서핑도 타기 전에 "준비 운동"을 하는 것이 바람직하다. 우리나라에서는 이 준비 운동을 잘 안한다. 다른 사람들이 하지 않는데 자기 혼자 하기는 좀 민망스럽긴 하다. 그러나 처음 배울 때부터 남몰래 자기 나름대로 준비 운동을 하는 습관을 붙이는 것이 바람직하다.

윈드서핑 타는 사람 중에 Henrik Beyer라는

윈드서핑 헬스 전문가가 있다. 윈드서핑만을 연구하는 '헬스 전문가'이다. Henrik Beyer는 윈드서핑을 타기 전에 반드시 준비 운동을 해야 한다고 말한다. 윈드서핑을 타다 보면 물에 빠지기 마련이다. 준비 운동을 하지 않고 물에 빠지게 되면 몸 전체가 온도에 바로 노출되어 근육 수축으로 "심장마비"가 올 가능성이 있다는 것이다. 그래서 심장마비 예방을 위해서라도 준비 운동을 꼭 해야 한다고 한다.

울산 PWA경기장에서는 경기 전에

외국 선수들이 준비 운동 하는 광경을 종종 볼 수 있다. PWA를 개최하면서 외국선수들이 준비 운동하는 광경을 볼 수 있는 것만으로도 우리나라 윈드서핑의 발전에 큰 도움이 될 수 있을지 모른다.

Henrik Beyer는 윈드서핑 타기 전에 준비운동으로

- 경미한 조깅: 2분
- 팔 회전: 5번 팔 / 양 방향
- 스쿼트: 5~10회
- 푸시업: 5~10회

를 하라고 권하고 있다. 다소 심하다는 느낌이다. 윈드서핑 타기 전에 '조깅'을 하고 '푸시업'까지 하라니 뭔가 좀 무리한 것 아닌가 하는 느낌이 들 것이다. 그러나 Henrik Beyer가 권하는 이 준비 운동은 그냥 나온 것이 아니다. 그동안 수많은 윈드서퍼를 대상으로 오랫동안 연구한 결과이다.

Henrik Beyer는 스웨덴 사람으로

스웨덴대학교 석사 학위를 가진 사람이다. 스웨덴 후생성에서 근무하면서 윈드서핑 타는 사람들의 건강관리를 집중적으로 연구하는 사람이다. Beyer는 세계 각국 윈드서핑 선수들의 체력 관련 자료를 계속 수집해 왔다. 최근 세계보건기구 WHO의 자료 중 윈드서핑 관련 자료까지 수집하고 있다. 윈드서퍼들의 체력 관리 연구만 20년째 하고 있으며 윈드서퍼들에게는 귀중한 사람이다. 책을 발행하고 있는데 현재 제 3판이다.

책이름은 Henrik Beyer 저

『Health & Fitness FOR WINDSURFING』으로 되어 있다.

저자 Henrik Beyer가 말하는 4가지 준비 운동 중

"팔 회전"준비 운동을 본인이 직접 시범을 보이고 있는 사진이다.

Henrik Beyer의 저서　　Henrik Beyer의 윈드서핑 준비 운동　　© Carter/PWA World tour

"Life jacket" 입기

'구명복'을 입기 때문에 수영을 못해도 된다. 물에 빠져도 안전하다.

잠수복 즉 "구명복(life jacket)"을 골라 입는다.

구명복은 부력이 큰 것도 있고
적은 것도 있다. 체중이 많이 나가는 사람은 부력이 큰 구명복을 입어야 할 것
이다. 체중이 적은 사람은 부력이 적은 구명복을 입어도 될 것이다.

초보자용 구명복은 거무스름하여

모양이 별로 좋지는 않아 보인다. 초보자용 구명복이므로 모양은 별로지만 그래도 튼튼하고 안정적이다. 자기의 체중에 맞는 구명복을 골라 입으면 된다.

구명복은 종류도 다양하다.

다양한 구명복(잠수복)

"장비 운반" 하기

"장비 운반"은 즐거운 시간이 된다.

이제 윈드서핑을 타기 위해 장비를 해변으로 운반한다.

"세일과 보드"를 운반 하는 것이다. 이 장비를 운반하는 것도 타는 것도 세일링의 일부이다. 그래서 자신의 장비는 가능한 자신이 직접 운반하는 것이 좋다.

운반하는 것은 심리적으로도 중요하다. 이제 윈드서핑을 타게 되니까 기쁜 마음으로 자신 있게 운반하는 것이 좋다.

장비의 종류도 다양하지만
무게도 각각 매우 다르다. 처음 배우게 되는 초보자용 보드는 일반적으로 상당히 무거운 것이 많다. 여자들은 혼자서 찡찡거리며 눈물을 흘리기까지 한다.

장비 운반하는 것도 힘으로
하기보다 요령으로 하는 것이 좋다. 보드와 장비를 옮기다가 바람에 휘날려 파손되기도 한다. 또 사람이 부상을 입기도 한다. 그러므로 운반 요령을 잘 배우는 것이 좋다.

1인 운반법

바람방향과 직각으로 마스트를 풍상에 둔다.

2인 운반법

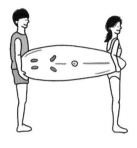 

보드와 세일을 함께 운반하는 방법

보드와 세일을 범장하여 혼자서 한꺼번에 운반하는 것이다. 요즘은 모든 장비가 가벼워져 가능해지고 있다. 혼자서 한꺼번에 운반하는 것을 보면 씩씩해 보여 좋다. 울산 PWA 국제 대회 등 요즘 국제 대회에서는 대부분 혼자서 운반한다.

"트레일러"를 이용하는 법

장비를 트레일러에 실어 운반한다.
트레일러는 요트에서 주로 사용한다. 윈드서핑에서 사용해도 된다. 트레일러로 운반하면 심리적으로 안정감을 주어 좋다.

"균형 잡기" 연습

균형 잡기 연습을 많이 해야 넘어지지 않는다.

"윈드서핑 보드"를 물 위에 띄워 놓고

그 보드 위에 올라가 균형 잡는 연습을 한다. 보드의 균형 감각을 몸에 익히는

것이다.

처음에는 보드 위로 올라가는 것
부터가 쉽지 않다. 일단 보드를 잡고 올라가 몸을 낮추고 앉아 본다. 앉은 자세
에서 균형이 잡히면 보드에 무릎을 대고 우선 반쯤 일어서 본다. 그 다음 천천히
일어서서 균형을 잡아 본다.

일어선 자세에서 균형이 잘 안 잡히면
무릎을 약간 굽혀 보드를 좌우로 약간 흔들어 보면은 균형이 잡힐 것이다. 다음
으로 무릎을 굽히면서 보드를 앞뒤로 흔들며 균형을 유지한다. 보드를 좌우로
흔들고 그리고 앞뒤로 흔들면서 빙글빙글 돌면서 앞으로 가면서 균형 연습을
한다.

이 균형 잡는 연습만으로도 굉장히
피로해 하는 사람이 있다. 이 균형 연습은 최소 반나절 이상은 해야 한다. 그래
야 감각을 익힐 수 있다. 균형을 잡는 연습은 처음에는 항상 키가 닿는 낮은 수
면에서 하는 것이 좋다. 위험에 대비하기 위해서라기보다는 심리적 안정을 위
해서다.

1. 보드를 물에 띄우고 일단 위로 올라간다.

2. 앉아서 균형을 잡아본다.

무릎을 대고
반쯤 일어서 본다.

3. 다음에 서서히 일어선다.

천천히 균형을
잡아본다.

4. 일어서서 보드를 좌우로
전후로 흔들어 본다.

무릎을 약간 굽혀
보드를 좌우로
약간 흔들어 보자!

5. 좌우로 전후로 흔들면서 앞으로 간다.

앞뒤로 흔들면서
빙글빙글 돌면서
앞으로 가보자!

"세일(Sail)" 세우기

물에 있는 세일을 건져 올려 세우고 이제 "출발 준비"를 한다.

세일을 똑바로 세우는 sail up 연습을 한다.

처음에는 약간 어렵다. 그러나 요령만
파악하면 생각보다 쉽다. 바람이 등 뒤에서 불어 오도록 선다. 두 발을 마스트
의 양쪽에 두고 서서 균형을 잡는다. 세일과 연결된 줄(업홀라인)을 양손으로
잡고 세일은 일단 위로 끌어 본다.

처음에는 팔의 힘으로 세일을 물에서
약간 끌어올린다. 물에서 약간 올라오면 무릎과 등을 편다. 그 다음부터는 몸을
뒤로 젖히면서 몸의 힘으로 세운다. 팔의 힘이 아니다. 이때 세일과 몸의 균형
이 필요하다.

세일이 세워질수록 가벼워진다.
이때 잘못하면 물에 빠질 수도 있다. 이와 같이 세일을 올리는 것은 힘이 아니
라 요령이다. 천천히 해야 한다. 서두르면 안 된다.

1. 보드 위로 올라간다.

**2. 팔의 힘으로 세일을 물에서 약간
끌어 올린다.**

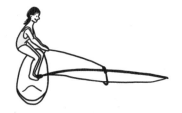

**3. 몸을 뒤로 젖히면서 몸의 힘으로
점점 바로 세운다.**

4. 완전히 똑바로 세운다.

똑바로 세우면 세일이 펄렁 거릴 것이다.
이를 "세이버링 shivering" 이라 한다.
"뉴트럴 포지션 neutral positon" 이 되는 것이다.

혼자
"출 발" 축하합니다 !

드디어 혼자 타고 "출발" 할 수 있게 된다.

이제는 앞으로 출발이다.

윈드서핑을 타고 기본 스텝 5단계(five step) 동작을 하여 앞으로 가는 것이다.

드디어 출발을 하는 것이다.

보드 위에 올라가 세일을 끌어 올려
똑바로 세운다. 똑바로 세우면 중심이 잡히기 때문에 넘어지지 않을 것이다.
안정적으로 가만히 서 있게 될 것이다. 이것을 "뉴트럴 포지션(neutral
position)"이라 한다.

안정된 상태에서 "연습용 모형기"로
배운 기본 스텝 5단계 동작을 해 본다. 하나, 둘, 셋, 넷, 다섯 구호를 외치면
서 동작을 해본다. 무조건 기계적으로 하나, 둘, 셋, 넷, 다섯 하면서 순서대로
한다.

5단계 마지막 동작이 끝나면
윈드서핑이 앞으로 움직이기 시작할 것이다. 손을 앞으로 밀고 체중을 발뒤꿈
치에 놓고 허리를 편다. 출발 시 기본 자세이다. 앞으로 천천히 움직이면서 나
갈 것이다.

출발 기본자세

손을 앞으로 민다.

허리는 곧게 편다.

체중은 발 뒤꿈치에 둔다.

윈드서핑 출발이다. 혼자 윈드서핑을 타고 앞으로 가는 것이다.

윈드서핑의 첫 출발이다.

윈드서핑을 타고 앞으로 나가게 된다.

일단 출발이 되어 지면 이제 윈드서핑을 타는 사람이라고 해도 된다.

이렇게 윈드서핑을 타고 출발이 되면

이것은 결혼식장에서 신랑 신부가 모든 결혼 예식을 마치고 "신혼부부"로서

이제 인생의 새 출발을 하는 것과 마찬가지다.

축하드립니다. Bravo! Your windsurfing life!

PART 3

윈드서핑 의

"꿈과 낭만"

요트 윈드서핑 탄다는
"긍지" 를 가지자 !

인간 최후의 스포츠 "요트"

요트(yachting)가 처음 시작된 유럽에서는 일찍이 앞으로 왕이 될
왕세자들에게 "인격 도야의 수단"으로 요트라는 것을 가르쳤다고 전해오고 있다.
yachting에 있어 세일링(sailing)이 가지는 그 "신사정신(gentlemanship)"을 왕
세자들에게 일찌감치 심어 주자는 것이었다. 이와 같이 요트를 탄다는 것 그 자체

가 gentlemanship이라는 덕목적 가치가 있기 때문에 자랑스럽고 요트를 탄다고 하면 긍지를 가질 만한 것이다.

요트(yacht)를 인간 "최후의 스포츠"라고도 한다.
그것은 요트가 가지는 이 "신사정신" 때문이다. 사람들은 골프(golf)가 신사적 운동이라고들 말한다. 누구와 같이 골프를 한번 쳐보고 나서 만약 골프를 치는 "매너"가 좋지 않다면 그 다음부터는 그 사람과 또다시 같이 골프 치는 것을 꺼린다. 신사정신에 흠집이 있다는 것이다.

골프가 신사적 운동이긴 하지만
이 신사적인 면에서는 요트에게는 명함도 못 낼 정도다. 모든 스포츠 종목 치고 신사정신을 구현하지 않은 종목은 없을 것이다. 그러나 요트에서의 그 신사정신이라는 것은 차원이 전혀 다르다. 요트에서의 신사정신은 그것이 요트의 전부인 것으로 설명되고 있다. 요트 경기는 이 "신사정신"에 너무 빠져 들어가 서로 이기려고 하는 스포츠 경기를 하는 것이 아니라 경기가 무슨 고상한 종교 행사를 하는 것과 같다고 비꼬기도 한다.

스포츠맨십(sportsmanship)

요트 경기 규칙을 펼쳐 보면
규칙을 시작하기도 전에 우선 맨 앞에 요트 경기는 스포츠맨십을 기본으로 한다는 "스포츠맨십(sportsmanship) 선언"부터 먼저 나온다.

요트 경기라는 것은 신사정신이 전부이고 이제 신사정신의 세계로 들어간다는 것이다. 선언부터 먼저 해 놓고 나서 경기 규칙을 시작하지만 요트 경기를 통하여 신사정신을 실현하기에는 참으로 어려움이 많다.

우선 이 신사정신의 내용을 문장으로 표현하기가 쉽지 않다.
요트 규칙을 읽어 보면 "스포츠맨십"에 따라야 한다는 것이 6군데나 나와 있다. "좋은 매너(good manner)"로 해야 한다든가 "페어 세일링(fair sailing)"이라든가 "세일링 스포츠의 명예"를 손상을 시켜서는 안 된다는 등 신사정신을 표현한 것들인데 그 표현이 각각 다르게 나온다.

이 신사정신을 상황에 따라 문장으로 표현해야 하는데 그것이 어렵고 상황에 따라 그 적절한 표현이 다 다르기 때문이다

그래서 규칙에서는 최대한 구체적으로
"신사정신"을 자세히 설명하려 하고 있다. 그래서 비슷하면서도 이렇게 헷갈리게 다른 표현들이 자꾸 나온다. 그러나 이렇게 구체적 내용을 표시함에도 불구하고 실제 경기에 있어서 신사정신이 잘 표현되지 않아 애매한 점이 또 나온다. 그래서 케이스 북이나 관습적 Q&A 자료들이 계속 새롭게 출판되어 나온다.

"명예"는 요트 최고 존재 가치

경기라는 것은 서로 이기려고
하는 것이다. 요트경기도 마찬가지다. 그래서 경기를 하다 보면 규칙을 위반하기

마련이다. 마크 주변 좁은 공간에서 마크를 빨리 돌고 나가려다 보면 부딪치고 넘어지면서 규칙을 위반하기 마련이다. 만약 위반했을 경우 선수가 자진하여 "벌칙"을 이행을 하도록 하는 것이 요트 경기의 기본이다. 구태여 심판의 지적 없이도 경기를 신사적으로 진행하자는 것이다. 선수들이 자진하여 벌칙 이행 하는 것을 경기의 제1원칙으로 하고 있다.

또 경기를 하다 보면 아주 심한 위반을
할 수도 있을 것이다. 만약 아주 심한 위반을 했을 경우 선수는 그 경기를 중단하고 자진하여 그 경기에서 퇴장하라고 하고 있다. 특히 요트인으로서 "명예"를 심하게 손상하였다고 생각하면 스스로 "명예롭게 리타이어(퇴장)" 하라는 것이다. 즉, 참가 중인 그 경기를 기권하고 대신 요트인으로서 명예를 찾으라는 것이다. 이처럼 요트는 "명예"를 최고의 존재 가치로 하고 있다.

요트 경기 규칙에 있어 이 신사정신 부분은 아주 엄격하게
정해놓고 있다. 요트 경기 규칙(RRS)은 부문이 다양하여 세계 각국에서 이를 일률적으로 각국에 다 적용하기 어려울 수도 있다. 그래서 각국은 국내 사정에 따라 규칙을 부분적으로 일부 개정하여 국내 상황에 맞도록 사용할 수도 있게 되어 있다. 하지만 "선언"을 비롯하여 "신사정신"에 관련된 규정만은 개정하여 각국에서 수정해 사용할 수 없도록 못 박아 놓고 있다.

실제 경기에서는 반칙이 아닌 범위 내에서
공격을 하여 경쟁자보다 앞서려는 것이 전략의 기본이다. 따라서 선수들은 어느 범위까지가 "신사적"이고 "좋은 매너"인지에 대하여 계속적인 공부를 해 나가야

한다. 신사정신이라고 하는 것이 똑같은 경우에도 시대의 상황에 따라 조금씩 바뀌기도 하기 때문에 골치가 아프다. 때문에 이와 관련하여 변화해 가는 정보의 획득이 중요한 의미를 가진다. 그래서 요트 규정(RRS)은 어렵고 또 번역하기는 더 어렵다. 번역을 해 놓아도 토를 많이 다는 경우가 대부분인데 이 신사정신이나 좋은 매너라는 것을 설명하는 것이 얼마나 어려운 일인가를 말해 준다.

젠틀맨십(gentlemanship)의 덕목

젠틀맨십의 덕목은

첫째는 정직이요,
둘째는 명예이며,
셋째는 겸손이요,
넷째는 도덕적 의무이다.

배구나 야구, 축구 등 모든 스포츠 경기에서
경쟁 상대방에 속임(cheating)동작을 하여 점수를 올리는 것은 경기를 승리로 이끌기 위한 기본 전략이기도 하다. 그러나 요트에서만은 이것이 안 된다. 다른 스포츠인들은 이 부분을 이해하기 힘들어 하고 있다.

요트의 도덕적 의무는 오랜 근기적 의무이다.
14세기 백년전쟁 당시 죽음을 자처했던 깔레 시민 여섯 명의 희생정신 같은, 즉 Noblesse Oblige도 요트정신에서 유래되었다고 한다.

요트인들은 "명예"를 최고 가치로 여기며 살아왔다. 동서양을 막론하고 요트 타는 사람이 "사윗감"으로 좋다는 것은 요트인들이 가지는 그 "신사정신" 때문이다.

삼면이 바다인 우리나라는
요트를 비롯한 해양문화 발전에 좋은 환경임에도 불구하고 그동안 해양문화 발전을 등한시 해 왔다.

그래서 누가 요트를 탄다고 하면
"뱃놈"으로 비하하거나 아니면 뭔가 이상한 사람으로 여기기까지 하였다.

윈드서핑 요트를 타고 sailing을 하면서
이 신사정신이나 좋은 매너를 몸에 배게 한다는 것은 사실상 힘들지도 모른다. 하지만 고귀한 신사정신이 있기에 윈드서핑 요트를 탄다는 것이 자랑스러운 것이다. 요트정신에 길들여져 살아온 요트인들은 윈드서핑 요트를 탄다는 것에 자긍심을 가질 만한 것이다.

Defi-Wind
윈드서핑 - "천국"
Gruissan Windsurf Festivals

"천진난만"하게 춤을 추고 고함도 지르고 race도 한다. 다른 스포츠 종목에서는 볼 수 없는 윈드서핑 타는 사람들만의 참 '야릇한' 축제이다.

윈드서퍼들만의 "천국" 세계가 있다.

프랑스 남쪽 지중해 연안에 Gruissan라는 이름의 고풍스러운 분위기를 풍기는 "해변 도시"가 하나 있다. 지중해 연안의 뜨거운 햇볕이 내려 쬐고 1년 내내 바람이 좋아 윈드서퍼들이 참 좋아하는 그런 도시이다.

윈드서핑은 장비가 간단하고 이동하기도 쉬워 매년 8월이면 이 도시에 수천 명의 윈드서퍼들 모여 "윈드서핑의 천국 꿈"을 이루는 축제를 연다.

축제 테마는 "Bringing together pros and amateurs around the passion for windsurfing"이다. 오로지 윈드서핑의 열정 그것 하나만을 가지고 이곳에 오라는 것이다. 젊은 친구도 좋고 아니면 늙은 할아버지들도 좋다. 아주 잘 타는 veteran "메이어" 도 좋고 이제 막 배우기 시작한 "병아리"들도 좋다. 모두 모이라 한다.

윈드서핑을 타는 사람이라는 이유 하나만으로
서로 만나 "윈드서핑의 낭만"이라는 것을 함께 즐겨 보자는 것이다. 서로 만나 낭만의 시간을 가지는 방법도 천태만상이다. 친구들과 편안히 앉아 윈드서핑 이야기나 하는가 하면 함께 춤을 추기도 한다. 어떤 이는 술에 취해 허우적 거리기도 한다. 무언가 심각한 토의를 하느라고 밤을 새우기도 한다.

윈드서핑 경기(race)는 내내 한다.
사람들이 많이 참가하기 때문에 축제 기간 중에는 내내 race를 계속 한다.
2022년부터는 이 race를 rabbit start로 바꾸어 축제 분위기를 한층 더 고조 시키고 있다. 지금까지는 출발선을 정해 놓고 출발선에 모여 "탕" 출발 신호를 내어 다같이 출발하는 경기였다. rabbit start에서는 출발선(line)이 없다. "탕" 하는 출발 신호가 울리면 각자 그냥 출발을 하면 되는 것이다.

1,400명이나 되는 많은 선수가 한꺼번에 rabbit start 하여 더욱 흥미를 끌게 하

고 있다. race도 10km, 20km, 50km, 심지어 80km 마라톤 경기까지 다양하게
한다. 자기 능력껏 기분껏 그냥 즐기는 타입의 race이다. 그러나 엄격한 심사 기준
이 있어 1등, 2등, 3등 시상도 한다.

이와 같이 윈드서핑을 탄다는
the passion for windsurfing 이것 사실 하나만으로 서로 만나 "windsurfing 인
생의 낭만과 행복"을 찾아보자는 것이 Defi-Wind이다. 참으로 느긋하고 독특한
지중해의 "윈드서핑 문화"이다.

Defi-Wind를 잘못 이해하는 경우가 많다.
행사가 끝나면 Neil Pryde 등 이 행사에 후원을 한 회사들이 찍어 배포하는 동영
상이 많다. 보면 참 재미가 있다. 그러나 많은 동영상 중에서도 윈드서핑 Pro들인

우선 많이 모인다. 윈드서핑 타는 사람들은 행복하다는 자존감을
서로 확인 할 수 있어 "북새통"을 이룬다.

© CHRISTOPHE BARREAU

PWA에서 찍은 Defi-Wind의 동영상만은 좀 다르다. 우선 이 동영상은 재미가 없다. 시시하고 유치하기 까지 하다.

하지만 자세히 보면 이런 것들이 "윈드서핑 낭만"이란다.
친구들을 만나 수다를 떨면서 장난치며 노는 장면들이 많이 나온다. 혼밥(혼자 밥 먹는 것), 혼-win(혼자 윈드서핑 타는 것) 등 뭔가 어색하게 보이는 장면들도 나온다. 그러나 이와 같이 재미없이 시간을 때우기 위하여 윈드서핑 행사를 하는 것들이 Defi-Wind가 지향하는 윈드서핑의 "낭만적 문화"라는 것이다.

울산 PWA에 매년 출전하는
일본인 선수 JP001 Goshi가 올해 '2018 Defi-Wind'에 갔다 왔다. 가보니 거리에서나 식당에서나 커피숍에서 처음 보는 사람들인데도 불구하고 만나는 사람마다 "Hi~ Hi~" 하면서 말을 걸어 왔다는 대목이 여행기에 나온다.

마라톤 경기도 아닌데 1,400명이 한꺼번에 출발하는 희한한 race가 펼쳐진다.

지금까지 우리들은 윈드서핑 때문에 해외에 나가기도 한다. 윈드서핑 관광을 가거나 "windsurfing 대회"에 다녀온다.

주로 경기를 하는 race로 많이 간다.

경기하러 가면 거기서 만나는 사람은 다 race를 하러 온 사람들이다. 사실은 모두 경쟁자다. 그래서 만나도 사실 별로 할 이야기가 없다. 그러나 Defi-Wind는 다르다. 만나는 사람 모두 윈드서핑을 타는 "자랑스러운 사람"이라는 걸 서로 느껴 보자 하며 그곳에 모인 것이다. 윈드서핑 탄다는 것이 자랑스럽다는 것을 서로 느끼면 그만이다.

윈드서핑을 타는 사람이라는

그 사실 자체가 자랑스럽게 여겨진다면 Defi-Wind가 이루고자 하는 것은 다 이루어진 것이라고 한다. 윈드서핑은 개인이 혼자 타는 개인 sports라는 특성이 있다. 하지만 Defi-Wind는 개인 sports 가 아니라 windsurfing 타는 공동체라는 것을 느끼게 하는 축제이다.

이러한 Defi-Wind의 낭만을 보면서

윈드서핑이라는 것이 우리 인간에게 희망을 주는 그런 스포츠라는 것을 느끼게 된다. 우리가 태어나 윈드서핑을 이라는 것을 배워 타게 된 것이 자랑스럽고, 스스로 희망적인 사람이라는 생각이 들게 한다.

"웃통" 벗은 황태자 !

영국 국왕 찰스의 모습이다. 이 사진은 70년대 당시 결혼을 앞둔 황태자의 몸짱 노출로 전 세계를 놀라게 했다.

© Life

혼기를 앞둔 영국 찰스(Charles) 왕세자가
웃통을 벗고 윈드서핑 타는 장면이 사진으로 나와 온 세상을 떠들썩하게 한 적이
있었다.

Charles는 영국의 엘리자베스 2세 여왕의 장남이다. 1952년 21세의 나이로 영
국의 왕위 계승자로 책봉되었다. 계승자 책봉이란 다음 왕이 될 사람을 공식적으
로 확정해 놓는 것이다. 하지만 60년 이상이나 기다려도 왕이 되질 못하였다.

그는 64년이나 기다려 나이가 74세가 되어서야 왕위에 올랐다.
이 사진이 뉴스를 타게 된 것은 찰스(Charles) 왕세자가 혼기를 앞둔 시점이었기
때문이다. 당시의 영국은 지금 같이 작은 영국이 아니었다. 60여개 국가가 참여
하는 대영제국이었다.

혼기를 맞은 20대가 된 찰스 왕세자는 평민 출신 여자로 평범한 유치원 보모였던
다이애나(Diana)를 만나 사랑에 빠져 있었다. 영국은 물론 전 세계가 이 사랑의
무드(mood)에 젖어 있을 때였다.

그때는 1978년 8월 호주에서였다.
찰스 왕세자의 "윈드서핑 타는 장면"이 촬영이 되어 현지 언론에 게재된 것이다.
제1왕위 계승자가 웃통을 벗고 "근육질"을 내보이며 windsurfing 타는 장면이 엄
청 큰 풍파를 일으키게 되었다. 이 장면이 온 세상을 놀라게 한 것이다.

곧 결혼할 대영제국 왕세자의 탄탄한 몸매와 근육질을 보고 모두들 아찔해 하였다. 엄청난 뉴스였고 화젯거리가 되었다. 이 사진은 당시 영연방 60여 개 국가 국민은 물론 전 세계인의 가슴을 설레게 하였다.

Charles는 1948년 태어난 지 9살이 되는 해인 1958년에 웨일스의 왕자로 책봉된 후 64년을 기다리다가 74세가 된 2022년에 왕위를 계승하였다.

찰스 3세가 2023년 5월 6일 대관식을 마치고 왕관을 쓴 채로 런던 중심부에 있는 Westminister Abbey를 떠나가고 있다.

평생 인기 소녀 "쌍둥이"

19세 때 PWA 처음 출전했다. 20여 년이 지난 지금까지도 처음 그때의 최고 인기를 아직까지 그대로 계속 유지하고 있다.

우리나라에는 별로 알려지지 않았지만

여자 윈드서퍼 선수들 중에 유명한 쌍둥이 자매가 있다.

지금은 세월이 많이 흘러 귀엽던 소녀들도 어느새 나이가 들었지만 지금까지도

소녀 시절과 다름없는 인기를 계속 누리고 있다.

쌍둥이 자매 윈드서퍼는 처음에 윈드서핑을 타기 시작할 때부터 인기를 내내 몰고 다녔다. 쌍둥이 윈드서퍼는 발랄하고 천진난만하여 전 세계 윈드서퍼들의 사랑과 관심을 온몸에 받았다.

우리나라에도 알려질만 했는데 이들이 타는 종목이 프리스타일(freestyle)이나 웨이브(wave)여서 국내에는 별로 알려지지 못한 종목이라 아쉬웠다.

쌍둥이들의 첫 출전

1997년 2월 PWA wave 경기에 쌍둥이 자매 여자 선수들이 나온다는 소문이 퍼져 나왔다. 이 소문이 인터넷에 알려지면서 금방 전 세계로 퍼져 나가 윈드서퍼들의 호기심을 증폭시켰다. 당시 쌍둥이 자매들은 나이가 19살이었다. 윈드서핑을 하기 시작한지 불과 2년밖에 안 되어 아직은 애송이들이라고 했는데 그래서 인기가 더 있었다.

PWA의 첫 출전 경기가 끝나자마자
이 쌍둥이 자매 선수를 평가하기 시작했다. 우선 Sexy하다는 평가가 제일 먼저 나왔다. 《서퍼투데이(SURFERTODAY)》에서는 이를 선정적으로 보도하기도 했다.

쌍둥이 자매는 1977년 12월 1일에
한 시간 간격으로 스페인에서 태어났다. 하지만 누가 먼저 세상에 나왔는지는 알려지지 않았다. 본인들은 서로 자기는 동생이고 상대편이 언니라 하는데 이들의 이름은 이벨라와 다이다(Iballa, Daida)이다. 세일 번호를 이벨라(Iballa)는 E-63 Iballa 그리고 다이다(Daida)는 E-64를 쓰고 있다. 그래서 사람들은 아무래도 세일 번호가 빠른 이가 아마도 언니가 아니겠는가 하여 E-63 Iballa를 언니로 보고 있다.

쌍둥이 자매의 나이가 17살이 되던 해인 1995년에 아버지의 친구가 이 자매에게 말했다고 한다. 말처럼 다 큰 처녀들이 집에서 가만히 놀고 있으면 누가 밥 먹여주나? 윈드서핑은 잘 하면 돈을 벌 수 있고 밥도 먹고 살 수 있으니 윈드서핑을 해보라고 권유하였다고 한다. 돈을 벌어 밥 먹고 살 수 있다는 이야기에 솔깃한 쌍둥이 자매는 부랴부랴 윈드서핑을 배우기 시작했다. 그렇게 시작한 지 2년도 채 안 되어 돈을 한번 벌어 보겠다며 프로대회인 'PWA'에 도전을 했던 것이다.

예상을 훨씬 뛰어넘은 쌍둥이

1997년 2월 봄, 19살의 쌍둥이 자매가 처음 PWA 경기장에 나타났을 때 연약한 소녀들인 줄만 알았는데 예상했던 것보다 훨씬 좋은 경기를 보여주었다. 이 자매는 무서운 야성이 숨어 있어 PWA 첫 출전 이후 하루가 다르게 발전에 발전을 거듭했다. 이들은 최고의 자리인 PWA 챔피언에 오르는 데에도 그리 오랜 시간이 걸리지 않을 듯했다.

2000년에 들어와 E-63 Iballa가 처음으로 PWA 여성 챔피언 타이틀을 거머쥐었다. 그 이듬해에는 동생 다이다(Daida)가 챔피언이 되었고. 그 후 둘이서 교대로 챔피언 상금을 독차지 했다. 그 후 PWA 챔피언 자리는 쌍둥이끼리 대결하였는데, 둘 다 윈드서핑을 잘 타고 프리스타일(freestyle) 기량도 좋아 종종 둘이서 챔피언을 번갈아 따기도 했다.

쌍둥이 자매가 전 세계 챔피언을 연속적으로 차지하니까 여자 던커백(Dunkerbeck)이라 불리기도 하였다. 던커백 하면 항상 전설적이라 하면서 레전드(legend)라는 단어가 뒤따랐다. 그러나 쌍둥이에게는 여자 던커백이라고 하면서도 레전드 단어까지는 붙이지 않았다 .

챔피언 자리에 연속적으로 오르면서 사실상 영광과 명예를 독차지했지만 먹고 살기가 힘들다는 소문이 들렸다. 특히 PWA에서 여자 상금이 왜 남자보다 적냐고 불평을 하면서 이것을 성차별이라고 주장했다. 이 자매들은 여자의 상금을 남자 수준으로 올려 달라고 줄기차게 요구하여 남녀 성평등(Gender Equality)을 주장했다.

그러나 PWA 본부에서는 여자 선수들의 수가 적어 여자 상금을 남자만큼 올려 줄 수가 없다고 주장했다. PWA에서는 이들 자매에게 그러한 상황이 억울하면 직접 남자 경기에 들어가 당당하게 겨뤄서 우승을 하라고 했다. 그 말은 바로 성대결을 하여 우승을 하면 남자 우승자만큼 상금을 준다는 뜻이었지만 성대결이 그리 쉬운 일이 아니었다.

하지만 쌍둥이 자매는 남자 경기 상금을 노렸는데 실제로 다이다는 2003년 PWA Pozo 남자 경기에 뛰어들어 대결을 하기도 하였다. 남자팀 속에 직접 들어가 남자와 똑같이 경기를 했지만 끝내 그들을 이기지 못해 상금을 차지하지는 못했다.

그러나 PWA 승인 하에 공식적으로 남자와 성 대결(Battle of the Sexes)을 한 역사적 기록을 남기게 되었다.

시련을 딛고 꿈을 이루다

쌍둥이 자매는 "챔피언"을
연속적으로 차지하여 PWA 상금을 독차지하면서도 상금이 적다느니 먹고 살기 힘들다는 그런 이야기를 자주 했다. 그러나 이런 이야기들로 인해 진짜 배고픈 선수도 많은데 너무 욕심을 부리는 것 아니냐는 오해를 받기도 했다. 사람들은 이런 이야기를 천진난만한 자매의 애교로 받아 주기도 하였다. PWA의 성 대결에서도 쌍둥이 자매의 돈 이야기를 애교로 받아 준 일도 있다. 정상의 위치에 올라선 쌍둥이 자매만의 특유한 재롱으로 여겼던 것이다.

그러나 이 두 선수가 정상에 오른 바로 그때
시련이 닥쳤다. E-64 Daida에게 자궁암 진단이 내려진 것이다. 암 진단 소식이 알려지면서 쌍둥이 자매의 안타까운 소식에 아쉬워하는 사람이 많았다. 그 후 드디어 암 수술을 받고 약물 치료가 시작되었는데 항암치료를 받아 본 사람이라면 그 고통을 알 것이다. 독한 항암제로 인해 머리카락이 빠져 여성으로서의 자존감마저 상실되는 아픔을 겪어야만 했다.

그런데 다이다는 윈드서핑에 몰두하는
열정으로 그토록 심한 약물 치료의 고통을 이겨내기 시작했다. 그녀는 담당 의사의 만류에도 불구하고 이를 악물고 윈드서핑 경기에 출전을 강행했다. 그녀는 약물 치료 기간 중인 2011년에 세상을 놀라게 할 정도로 악착같이 훈련하여 PWA 랭킹(ranking) 1위 자리를 지켜나갔다. 사람들은 윈드서핑의 열정으로 약물 치료의 고통을 이겨내는 모습에 혀를 내두르며 감동했다.

2018년 7월에 그랜 카나리아(Gran Canaria)에서
PWA 30주년 기념 행사가 있었다. 이 행사에서 쌍둥이 자매 선수에게 큰 선물을 안겨 주기로 하였다. PWA 30주년 행사에서 쌍둥이의 오랜 꿈인 남녀 성평등(Gender Equality)을 이루어 주기 위한 행사를 하기로 한 것이다. 즉 PWA 시상금을 남여 선수에게 차별하지 않고 동일하게 주기로 하고 남여 각각 35,000유로씩 같은 금액으로 책정했다.

20년 투쟁으로 역사적인 "PWA 남녀 동일 상금"을 쟁취했다.

이벨라와 다이다 자매는 지난 21년 동안의
오랜 꿈이 이루어졌다며 기뻐하였다. 돈도 돈이지만 역경을 이겨내면서 쌍둥이
자매가 오랜 꿈을 이루어 내는 모습을 보면서 전 세계 윈드서퍼들은 축하의 박수
를 열렬히 보냈다.

파릇파릇한 10대 후반의 나이인 19살 때에 PWA에 출전하여 처음으로 경기를
시작한 이후 수많은 역경을 헤치고 어느덧 40세가 된 쌍둥이 자매 서퍼들에게 30
주년 행사가 끝난 후 기자가 물었다.

"오랜 소원인 양성평등의 꿈을 이루어 냈고
이제 나이도 40이 넘었는데 은퇴는 언제쯤 할 계획이세요?"

"은퇴요? 우린 이제 시작인데요. 이제는 돈을 좀 벌어야지요! 우리는 돈을 벌려고
윈드서핑을 시작했거든요!"

"10세"가 만든 윈드서핑

코흘리개 10살짜리 어린 아이가 감히 "윈드서핑"을 만들어 타 세상을 놀라게 하였다. 그가 태어난 가난한 어촌 마을은 이제는 "윈드서핑 성지"가 되고 있다.

10세의 조그마한 어린 아이가
'윈드서핑' 비슷하게 만들어 타는 것이 발견되어 세상을 놀라게 하였다.

유럽 남부 지역에 있는 모로코의
Moulay라는 지방의 한 어촌 마을에서 조그마한 한 남자 어린이가 이상한
"윈드서핑"을 타고 있는 장면이 목격되었다. 비닐과 나무 막대기로 만든 엉성한
모양의 "윈드서핑"이었다.

마침 이때 지나가던 한 행인이
이 장면을 사진으로 찍었다. 이 사진이 그 후 윈드서핑 잡지에 실리게 되어 다행히
세상에 알려지게 되었다. 사진이 페이스북, 카카오톡 등 소셜 SNS에 올려지자 엄
청 빠르게 퍼져 나가 금방 흥분스러운 분위기가 되었다.

도대체 저것이 뭐냐?
저것이 '윈드서핑'이 맞나? 저런 윈드서핑을 어떻게 만들었는가? 윈드서핑을 타
는 저 아기는 누구인가? 저렇게 엉성하게 만들어도 사람이 탈 수가 있나? 누리꾼
들은 "시시콜콜" 온갖 상상력을 다 동원하여 흥미진진한 "화젯거리"로 이어져 나
갔다.

화젯거리가 이어지고 시간이
지나면서 이 사진에 대한 여러 가지 사항이 하나씩 밝혀지기 시작했다. 이 어린이
의 이름이 Abderazaq Labdi라는 것이 밝혀졌는데, 모로코에 있는 Moulay라 부
르는 어촌 마을에 사는 가난한 한 어부의 아들이었다.

어린이가 태어난 "Moulay 어촌 마을"이 윈드서핑 성지가 되었다.   © Levis Hala ko/Red Bull

Moulay이라는 이 마을은 한가한

어촌 마을이다. 이곳에서는 윈드서핑을 탈 만한 그런 해변 마을이 아니었다. 가난한 어촌 마을이다. 상당히 멀리 떨어진 곳에 Essaouira라는 제법 큰 도시가 있었다. 여기는 관광지로서 윈드서핑을 타기도 하고 관광객도 많았다. Labdi 어린이는 Essaouira에까지 가서 거기서 윈드서핑 타는 것을 목격한 것이다.

Labdi 어린이는 이 '윈드서핑'을

보니까 참으로 좋았다. 자기도 한번 타 보고 싶었다. 하지만 돈을 주고 사야 하는데 살 수가 없었다. 아이가 윈드서핑 장비를 돈을 주고 산다는 것은 상상을 할 수 없었다. 그래서 자기가 직접 하나 만들어서 타 보겠다는 마음을 먹은 것이다.

우선 만들 재료를 수집하기

시작했다. 바람에 견딜 만한 sail을 만들기 위해 "비닐"을 수집하고 넓은 나무 "널빤지"를 수집했다. 키 큰 나무 막대기도 수집했다. 재료를 모아 윈드서핑을 만들

어 보았으나 되지 않았다. 보드 받침대를 먼저 만들고 그 위에 돛(sail)을 올려놓으
니 그때서야 윈드서핑이 바로 세워졌다. '윈드서핑'이 하나 만들어진 것이다.

그런데 더욱 놀라운 것은
이 윈드서핑을 만든 Labdi는 10살에 불과한 "어린이"였다는 사실이다. 서양 나
이로 10살이라니까 우리나라 나이로 치면 11살이다. 그래도 초등학교에 다니는
3~4학년 어린아이에 불과하다. 이 어린 나이에 사람이 탈 수 있는 '윈드서핑'을
만들었다는 것은 윈드서핑의 역사에 기록될 만한 사건이다.

The boy who built a windsurfer with plastic and wood
http://www.surfertoday.com/windsurfing/9869-the-boy-who-built-a-
windsurfer-with-plastic-and-wood

위 사진을 자세히 보면
Labdi가 만든 "윈드서핑"은 참으로 잘 만들었다. 배턴(batten)까지 2개나 끼워져
있다. 또 붐(boom)도 희한하게 잘 만들어져 방향 조절이 될 것도 같다. 다만 조인
트(joint) 부분이 어떻게 되어 있는지 궁금하다. 세일의 맨 꼭대기 피크(peak) 부분
과 마스트 끝부분을 보면은 둥글게 휘어져 있는데 기가 막히게 잘 만들었다.

타는 모습을 보면
상당히 잘하는 모습이다. 엉덩이가 '쑥' 들어가 있다. 초보자가 처음 타게 되면 대
게 엉덩이가 뒤로 빠지기 마련이다.
초보자들의 엉거주춤한 그런 모습이 아니다. 자세가 상당히 의젓한 모습이다. 속
도도 제법 빠른 듯하다. 보드 앞부분 바우(bow) 부분에 잔잔한 물결이 부딪치고

있는 것이 보이는데 이는 속도도 좀 있다고 보아야 할 것 같다.

이제 Labdi는 아주
신바람이 나 있다 한다. 이 사진을 보고 전 세계에서 후원자가 많아졌다고 한다.
덕분에 이제는 옛날과 같은 비닐 막대기로 만든 것이 아니라 돈을 주고 윈드서핑
을 사서 타고 있다고 한다. 그리고 실력도 늘어 이제는 잘 탄다고 외신은 전하고
있다.

크게 자란 최근의 Labdi 모습

"산山" 에서 타기

눈 덮힌 산에 윈드서핑을 들고 꼭대기까지 올라 갔다. 산 꼭대기에서 마치 "스키"를 타듯 윈드서핑을
타고 산 아래로 타고 내려왔다.

윈드서핑은 '물' 위에서 탄다.

물이 있는 강이나 바다에서 탄다. 그런데 추운 겨울 하얗게 덮인 높은 산에 올라

가 "윈드서핑"을 타고 산 아래로 내려온 친구가 있다. 참으로 웃기는 친구이다.

동영상을 보면 마치 '스키'를

타는 것처럼 눈 덮힌 높은 산에 올라가 흰 눈 속에서 윈드서핑을 타고 내려오는 장면이 나온다. 도저히 이해가 안 되는 장면이다. 기가 막히고 깜짝 놀라게 하는 장면들이다. 동영상을 보면 무언가 짜깁기를 하여 엉터리로 만든 것 같이 보인다.

아니다. 진짜로 맞다. 실제로
눈 덮힌 산에 올라가 그 산꼭대기에서 윈드서핑을 타고 산 아래로 내려온 것이다. 전 세계가 감탄하였다. Levis Siver라는 이름의 미국인이다. 이 친구는 눈이 많은 미국 선벨리(Sun Valey)에서 태어난 1980년 12월 23일생이다. 어린 시절부터 스키와 스노보드를 즐겼다. 11세가 되던 해에 하와이 섬으로 이주하여 윈드서핑을 탔는데 윈드서핑도 뛰어나 "윈드서핑 천재"라고까지 불릴 만큼 잘 탔다.

그러나 이 친구는 요상하게도
눈 덮힌 산에 올라가 윈드서핑을 타고 내려오겠다는 꿈을 꾸어 왔다. 몇 번을 시도 해 봤다. 그러나 쉽게 되지 않았다. 하지만 포기하지 않고 끈질기게 계속 시도를 해왔다. 무려 8년 동안이나 눈 덮힌 산에 올라가 시도해 봤으나 성공하지 못했다. 지성이면 감천이라더니 2017년 3월에 드디어 성공을 하였다.
일본 홋카이도의 '이시리'라는 산에 올라가 눈 속에서 윈드서핑을 타고 아래로 내려온 것이다.

이번 일본 홋카이도에서
촬영하는 날에는 걸어서 2시간씩이나 걸려 산 정상까지 올라갔다. 정상에 올라가서도 바람이 올 때까지 두세 시간씩 바람을 기다려야 했다. 하루 7시간씩 걸리는 이런 촬영을 20일간이나 시도하다가 드디어 성공을 한 것이다.

기후는 영하 13도 정도였으며

가장 강한 바람은 15kas 9.3mph이었다. 윈드서핑 보드는 산에서 하강하기 편리한 보드로 특수 제작하였다. 신발은 스키 부츠를 사용하지 않고 묶지 않고 헐렁한 "서핑 부츠"를 신었다. 내려오는 장면을 Youtube로 보면 참으로 장관이다.

windsurfing 타는 사람들 중에는 이와 같이 별난 사람이 한 둘이 아니다. 참으로 많다. 자기 목숨을 걸고까지 별나게 타기도 한다. 윈드서핑이라는 것이 근본적으로 "도전적" 성격이 있기 때문이다.

[세계 최초 설산에서 윈드서핑 @이시리섬]

https://www.redbull.com/jp-ja/stream-mountain

 Levis가 산에서 윈드서핑을 타고 내려오는 동영상
https://www.youtube.com/watch?v=lLbPAxsz6kE

© Halako/RedBull

마치 "스키"를 타듯 윈드서핑을 타고 산에서 내려오고 있다.

생후 27개월 "아기"

이제 겨우 '아장 아장' 걷기 시작하는 "갓난 아기"가 윈드서핑을 탔다. 이것은 앞으로 윈드서핑이
인간에게 큰 희망을 줄 것이라는 "징조"라 한다.

생후 두 살짜리 "어린 아기"가

윈드서핑을 타는 장면이 Youtube 동영상으로 공개되어 화제가 되었다.

2013년 카리브 해에 있는 프랑스령 마르티니크(Martinique) 지역 해변에서 두 살

짜리 어린 아기가 윈드서핑을 타고 나가는 장면이 공개되었다.

정확하게는 "생후 27개월" 된

이름이 Louison라는 남자 아기였다. 생후 27개월 정도 아기는 이제 자기감정을

표현하는 정도에 지나지 않는다. 윈드서핑 잡지인 ≪SURFERTODAY≫에서 보도

하였다. 생후 얼마 되지 않은 아기가 윈드서핑 보드 위에 올라가 붐을 잡고 윈드

서핑을 타는 장면은 "windsurfer"들에게 큰 희망을 준다는 성명서를 만들었다.

- **아기 출생 이후 성장 발달 과정**
  - 5개월 이후 ············ 뒤집는다.
  - 7개월 이후 ············ 긴다.
  - 10개월 이후 ·········· 일어선다.
  - 13개월 이후 ·········· 걸음마 시작
  - 15개월 이후 ·········· 걸음마 능숙
  - 20개월 이후 ·········· 뛰어다니다.
  - 25개월 이후 ·········· 점프한다.
  - 27개월 이후 ·········· 감정을 표현한다.

동영상은 수영을 하며 나타나 윈드서핑을 타는 장면이 나온다. 붐을 잡고 윈드서핑 타는 장면이 자연스럽다. 제법 잘 탄다.

두 살짜리 소년이 처음으로 윈드서핑을 타며 이 세상은 참으로 살만한 세상이라는 느낌을 받을 것이다. 윈드서핑이 있기에 이 세상은 살만하고 사람에게 "희망"이라는 것을 잉태시켜 줄 것이라 한다.

Louison가 타고 있는 세일은 0.8m MicroFreak라는 세일이다.

어린이용으로 특수 제작한 세일이다. 이 세일은 Louison이 타면서 유명한 세일로

이름이 났다. 요즘은 전 세계에 어린이용으로 많이 팔려 나가게 되었다.

윈드서핑을 타는 아기 동영상
https://www.youtube.com/watch?v=aLBlYUBqLYA

"목발"을 짚고서도 !

고3 나이 19살 때 "왼쪽 다리"를 잘랐다.

After severe complications I lost my left leg.

고3 나이 19살 때 교통사고로 "왼쪽 다리"를 잘랐다. 절망 속에서도 "윈드서핑"을 타기 시작하여 대학 입학을 하고 결혼도 하여 "인생 역전"에 성공했다.　© Stefan Cs ky

윈드서핑은 두 발로 탄다.

원칙적으로 두 발이 있어야만 탈 수가 있다. 왜냐하면 두 발이 있어야 균형을 잡을 수 있기 때문이다. 한 발로는 균형이 잡을 수 없어 윈드서핑 타기는 사실상 불가능한 것이다. 그런데 신기하게도 Hannes Rieger 라는 오스트리아 청년이 한 발로 타 사람들을 놀라게 하였다! 한발로 타는데도 불구하고 타기도 너무 잘 탄다.

그는 고등학교 3학년 때 교통사고를 당했다.

이 사고로 왼쪽 다리를 완전히 절단해야 했다. 그때 그의 나이 19살. 꿈 많은 10대에 다리 하나를 잘라낸다는 것은 너무나 가혹했다. 눈물이 저절로 흘러 나왔다. 청춘의 모든 꿈을 송두리째 잃는 눈물겨운 아픔이었다.

다리 하나가 없어지면 우선 여자 친구가 어떻게 생각할지 불안하기만 했다. 또 대학에 입학하여 미래의 꿈을 키워 가야 할 나이인데 앞날이 캄캄했다. 어쩔 수 없이 한쪽 다리를 절단하는 수술을 받아 다리 하나를 잘라 내었다.

두려움과 절망 속에서 사실상 모든 희망을 포기한 채 절망의 늪에 주저앉아 허우적거리고 있었다. 그때 윈드서핑을 타는 친구가 살며시 와서 "너 윈드서핑을 한번 타 보면 어떨까?"라고 엉뚱한 제안을 해왔다.

두 다리를 가진 성한 사람도 타기가 힘들다는데
한쪽 다리로 어찌 탈 수 있을까? 참으로 어처구니없는 이야기로만 들렸다. 하지만 자기의 아픔을 함께 나누고 있는 다정한 친구가 하는 제안이라 거절할 수가 없었다. 공포에 질려 모든 것을 포기한 채 침체된 친구를 구하기 위해서 다소 혁신적인 제안을 한 것이다.

어쨌든 친구의 제안이라 일단 한번 타 보기로 했다.
아래 주소의 동영상을 보면 그의 육성이 직접 나온다. 특히 처음 탔을 때 받은 그 느낌에 대해 본인의 육성을 들어보면 참 인상적이다. 그날 처음으로 윈드서핑을 탔을 때 머리에 무언가 번쩍하는 번갯불 같은 전광석화(電光石火)가 비치는 것을 느꼈다고 말하고 있다. 순간 "야! 이거다!"라고 하늘에서 내려주는 무슨 암시 같은 것으로 느껴졌다. 그래서 큰 마음을 먹고 윈드서핑을 한번 배워 보기로 결심을 하였다고 한다.

막상 시작은 했지만 한쪽 다리가 없으니
타지지 않았다. 어려운 시련이었다. 그러나 그는 시련이 클수록 포기하지 않고 마음가짐을 더욱 새롭게 하였다. 한발이나마 균형이 잡혀 가기 시작하면서 윈드서핑도 타지기 시작하니까 이제 타는 재미에 빠져들 수 있게 되었다.

윈드서핑 재미에 빠져 정신없이 세월이 흘러가고 있었다.
흘러가는 세월 속에 그는 점점 엄청 높은 수준으로까지 잘 탈 수 있게 되어 갔다.
덕분에 Rieger는 어두운 절망의 늪에서 점차 벗어나게 되었다. 한 여자 친구와 결혼을 할 수 있었고 대학에 입학한 후 엔지니어 박사 학위까지 받았다.

유투브 동영상을 보면 그는 참으로 너무 잘 탄다.
윈드서핑의 최고의 기술이라고 하는 스피드 자이빙(speed gybing)까지 하고 있다. 한 발뿐인데 어떻게 저런 고난도의 자이빙까지 다 가능한지 의문이 가는 부분이기도 하다.
RYA나 필존(Phil Jones)의 세계적 윈드서핑교본에서나
국내에서 발행된 충남대학교의 전종귀 교수님을 비롯하여 울산대학교 윤해광 교

Hannes Rieger 윈드서핑 동영상
https://vimeo.com/113224205

수님이 쓴 윈드서핑 교과서에는 "자이빙은 두발 간의 체중 이동으로 해야 한다"고 되어 있다. 하지만 그는 다리가 한쪽 밖에 없어 체중 이동 자체를 할 수가 없다. 체중 이동을 할 수 없는데도 불구하고 저렇게 잘 타는걸 어떻게 설명해야 할지 모르겠다.

나도 윈드서핑을 탈 수 있을까? 주저하는 사람들이 많다.
나는 수영을 못하는데 또는 나는 운동에 소질이 없는 사람인데 하며 과연 배울 수 있을까 의심을 많이 한다. 목발 짚고 한발로도 타는데 두발이 있으면 못 탈 사람은 아무도 없다. 다 탈 수 있다.

"옥상" 윈드서핑장

자기 집 옥상에 윈드서핑장을 만들었다. "윈드서핑예술(Windsurfing art)"을 한다고 한다. 처음 들어보는 "예술" 단어에 기대를 걸고 있다. © Matissek

윈드서핑도 예술(art)이 될 수 있을까?

windsurfing도 이제 예술이 될 수 있을 것

이라며 "windsurfing art"를 시도하는 사람이 나타났다. 윈드서퍼들의 마음을 설레게 한다. 오스트리아에서 선수 생활을 하던 Max Matisse라는 인물이다. 어려서부터 그림 그리기 미술을 좋아했다. 1987년생이니까 비교적 젊은 사람인 편이라 할 수 있다. 젊은 사람이 청춘의 기분으로 이런 것을 과감히 해 본다니까 기대를 하고 있다. 앞으로 윈드서핑에 어떤 새로운 방향을 모색하는 뭔가 나올지도 모르겠다.

Max는 오스트리아 비엔나의 중심가에 있는
큰 집에서 살아왔다. 엄청 큰 빌딩인데 유산으로 받은 자기 집이다. 자기 아버지가 별세를 하자 Max는 자기 집 빌딩 위에다 "윈드서핑장" 만드는 공사를 시작했다. 지하수를 끌어올려서 윈드서핑장에 물을 채웠다. 옥상에 훌륭한 "윈드서핑장"이 하나 만들어졌다. 도심 한복판에 있는 높은 건물 위라 시내가 훤하게 내려다보였다. 주변이 확 트여 있어 바람이 조금만 있으면 일단은 윈드서핑을 탈 수도 있을 것도 같아 보였다.

그는 이 옥상 윈드서핑장을 만들고 나서
"윈드서핑 예술(windsurfing art)"라는 걸 한번 해보겠다는 것이다.
윈드서핑으로도 예술작품을 할 수 있다는 것이다. 자기의 상상 세계를 윈드서핑을 통하여 실현할 수 있다는 것이다. 윈드서핑을 통해 자기의 미술 세계나 자기의 상상 세계를 예술로서 창조할 수도 있다는 것이다.

윈드서핑은 창조를 위한 재료라고 생각한다.

TRUE WIND 2
Max Matissek windsurfing "On Top of Vienna"
https://www.youtube.com/watch?v=ZzCAZZlgUZ0

어린 시절부터 동경해 온 상상의 미술 세계를 윈드서핑을 통하여 창조할 수 있다는 것이다. 예술 관계 말이라서 그런지 Max의 이런 말들이 무슨 의미인지 이해가 잘 되지 않는다. 어쨌든 미술, 음악 그리고 윈드서핑이 할 수 있는 extreme 묘기 등이 융합되면 windsurfing art가 될 수도 있다는 그런 의미인 모양이다.

실제로 Max는 옥상 윈드서핑장을 완공하고 나서 "TRUE WIND"라는 이름을 붙였다. 2015년 비디오 동영상 예술작품을 하나 만들어 보았다. 요상하게 만들어 놓았다. Max는 freestyle 선수였는데 freestyle 타는 것에다 무엇을 많이 입혀 놓았다. 꿈을 현실로 만든다는 것이다. windsurfing art라는 새로운 예술 분야를 개척해 보려는 것 같다. 그림으로 말하자면 '추상화' 같은 느낌이 든다. 이런 것들이 예술인 모양이다.

윈드서핑 타는 사람들 중에는 참으로 별난 사람들이 많다. 자기 집 지붕 위에 윈드서핑장 짓는 이 사람도 별난 사람이라 하지 않을 수 없다. 또 윈드서핑으로 예술 해보겠다는 생각도 예사 별난 생각이 아닐 것 같다.

윈드서핑 매체 ≪Continentseven≫나 ≪Boardseeker Magazine≫들은 Max가 "windsurfing art"라는 단어를 쓰는데 관심을 보이고 있다. 윈드서핑에 새로운 방향을 모색해 주는 윈드서핑의 새 희망 인지도 모른다.

Max Matisse

TRUE WIND – windsurfing and art
https://www.youtube.com/watch?v=0K07E72JVV0

"정권"을 진짜 잡았다!

"거짓말" 같은 진짜 이야기다!
윈드서핑을 내세워 국가의 권력인 "정권"을 잡은 기막히는 윈드서핑 역사가 있다.

이탈리아 선거 홍보물 동영상
https://www.youtube.com/watch?v=M28KgYHe2FQ&feature=emb_title

windsurfing으로
"국가의 정권"을 잡았던 참으로 재미있고 "기가 막히는" 윈드서핑 역사가 하나 있다. 마치 거짓말 같은 역사이기도 하다. 하지만 진짜다.

1992년 이탈리아 총선에서

민주사회당PSDI이라는 정당이 "윈드서핑"을 선거 전면에 내세웠다.
우리는 "윈드서핑"처럼 산뜻한 정치를 하겠다는 것이다. 윈드서핑의 산뜻한 면을
"선거 공약"으로 내 세웠다.

선거 홍보물을 윈드서핑 일색으로

만들었다. 우선 "선거 구호"를 "Always on the Right Track."으로 정했다. 윈드서
핑적인 용어다. 국민이 알든 모르든 윈드서핑 용어를 마구 써 댔다.
동영상 홍보물도 완전히 윈드서핑 타는 것이다. "택킹"이니 "자이빙"이 나온다.
뭔가를 타고 쌩쌩 팽팽 신바람 나게 돌아가도록 만들었다. 모든 것을 뭔가 신비
스러운 맛이 나게 만들었다.

드디어 선거 일자에 투표를 하였다.

개표 결과 600여명의 하원의원을 뽑는 총선에서 PSDI는 20여 명이나 당선 시켰
다. 이 20여 명 당선은 전체 인원의 4%에 불과했지만 정당들 중에서는 7번째로
많았다. 선거에서 아주 대승을 한 것이란다.
신문과 방송에서는 이번 선거에서 윈드서핑이 "돌풍"을 일으켰다면서 이것을 "윈
드서핑 파티(windsurfing party)"라고 하였다.

이탈리아 정치는 골치가 아프고

우리가 이해하기 힘든 면이 많다. 정당이 100개가 넘는다. 그러나 언제나 과반수
를 넘는 정당이 없다. 그래서 선거가 끝나도 누가 승리자인지도 모른다. 선거가
끝난 후 대개 3~4개 정당들이 뭉쳐 과반수를 만들어 집권을 위한 "정당연합"을

만든다. 이러한 "정당연합"이 정권을 잡는다.

당시 PSDI은 득표수가 4%에 불과했다지만
윈드서핑이라는 신선한 이미지 덕분에 집권 "정당 연합"에 끼어들어 갈 수가 있었다. 집권 여당이 될 수가 있었다. 집권당이 된 것이다. 윈드서핑으로 정권을 거머쥐게 된 것이다.

그러나 PSDI는 정권을 잡은 후에 윈드서핑 타는 사람들을 돌보지 않았다. 모두 "팽"하였다고 한다. 정치판에서는 영원한 적도 없고 영원한 우군도 없다. 웃기는 것은 일단 정권을 잡게 되면 "팽"을 하기 마련이라는 사실이다. 토사구팽(兎死狗烹). "팽"이란다.

"팽"
우리나라 정치사에 "삼당 합당"이라는 것이 있었다. 당시 야당이었던 김영삼이 전두환, 노태우 대통령을 끌어들여 3개의 정당을 하나로 합친다.

이 '삼당 합당'으로 김영삼은 전두환 노태우의 도움을 받아서 대통령에 당선이 된다. 하지만 대통령이 되고 나서는 전두환, 노태우 전직 대통령들을 모두 "팽" 시켰다. 다 감옥에 집어넣었다. "팽", "팽"이다.

"윈드서핑"으로 뭘 해도 다 좋겠지만 앞으로 오로지 "정치"에 만은 근방에도 가지 않았으면 좋겠다. 언제 "팽" 될지도 모르니까.

윈드서핑 ~ Sexy 해유~!

3,200명의 여성을 조사해 보니 윈드서핑이 가장 sexy한 스포츠란다!
윈드서핑은 그 자체가 '멋'이고 '꿈'이고 '희망'이기 때문이다.

어느 스포츠가 가장 Sexy한 '스포츠' 일까 ?

여성에게 가장 sexy한 매력이

느껴지는 스포츠 종목으로 제 1위가 windsurfing인 것으로 조사가 되었다.

2위는 축구였다.

바람만 좋으면 남자들이 윈드서핑을

타고 달릴 때면 엄청나게 달린다. 윈드서핑도 요트의 한 종류로 구분된다. 요트는 역사적으로 그 종류가 많아 수천 개가 넘는다. 그런데 수천 개가 넘는 모든 요트는 다 앉아서 탄다. 요트 중에서 유일하게 윈드서핑만이 일어서서 탄다. 1960년대 윈드서핑이 처음 세상에 나왔을 때 미국 캘리포니아에서 "서서 타는 요트"라 하며 온통 난리가 났었다.

윈드서핑은 장비가 단순하여

요트의 "지프(Jeep)"라고도 불려왔다. 그래서 단순하고 경쾌하며 상당히 날씬한 느낌을 주게 한다. 남자들이 윈드서핑을 타고 달리는 모습에서 여성들이 sexy한 매력을 느끼는 모양이다. 윈드서핑 같이 유연한 동작으로 달리는 스포츠가 별로 없다.

유럽에 기반을 둔 인터넷 사이트인

'빅토리아 밀란'에서 최근 여성 가입자 3천200명을 대상으로 가장 sexy한 스포츠가 어느 것인지를 조사하였다.
조사 결과로 윈드서핑이 가장 sexy한 스포츠란다. 제1위란다. 윈드서핑을 타는 남자에게서 가장 성적인 매력을 느낀다는 답변이 23.4%가 되어 1위가 되었다고 한다.

2위로는 탄탄한 다리 근육이 돋보이는

축구 선수들이 16.2%로 그 뒤를 이었다. 또 응답자의 절반 이상이 다른 분야에서 재능을 보이는 남자보다도 스포츠 선수와 데이트하는 것을 더 선호한다는 대답을 하였다고 한다.

이 보고서에서 빅토리아 밀란의
지거드 비달 대표는 "스포츠 선수들보다 많은 금액의 은행 계좌, 좋은 차, 멋진 패션 감각을 갖춘 남자를 더 좋아한다"는 답변은 7%에 불과했다고 한다.
비달 대표는 또 익명으로 조사한 이번 설문에서 응답자의 99%는 스포츠 스타와의 연애가 다른 사람들에게 알려지는 것을 원하지 않는다고 답했다 고 덧붙였다.

이 뉴스는 2014년 5월 22일 KBS 9시 종합뉴스로 보도 되었다.

여성들이 섹시하게 느끼는 스포츠 종목 순위(빅토리아 밀란 조사)

1. 윈드서핑	23.4%
2. 축구	16.2%
3. 수영	12.5%
4. 야구	8.9%
5. 테니스	8.4%
6. 모터스포츠	7.3%
7. 럭비	6.4%
8. 농구	6.3%

KBS 종합 뉴스 원문 보기 2014.05.22(11:02)
http://news.kbs.co.kr/news/view.do?ncd=2866552

"강아지" 태우고 경기

'강아지'를 태우고 하는 경기가 세계적으로 유행이다.
우리나라에서도 이제 곧 경기가 시작될 듯하다.

"반려견"을 태우고 하는

윈드서핑 경기가 인기를 끌고 있다. 미국 일본 등에서는 오래 전부터 하고 있었
다. 최근 프랑스 이탈리아에서도 열리고 있다. 강아지를 태운 경기를 하는 국가가
점점 더 많아지고 있다고 보도하고 있다.

우리나라도 요즘 강아지, 개 등

반려동물에 대한 관심이 극성이다. 우선 반려견 인구가 1,000만 명을 넘어섰다고 한다. 반려견 때문에 여행을 마음대로 못하는 집이 많다.

유럽은 더 극성인 모양이다.

독일에서는 개를 너무 많이 키워 집에서 키우려면 세금을 내야 한다고 한다. 개 한 마리당 1년에 우리나라 돈으로 14만~90만원 정도란다. '동물세'라고 한다.

네덜란드에는 '동물 경찰'까지

있다. "동물학대"를 집중적으로 단속한다. 만약 개를 때리다가는 난리가 난다고 한다. 개를 때리면 그곳에서는 정식으로 무슨 법적인 죄가 된다고 한다.

개 다이어트(diet)는 오래 전부터다.

"전용 러닝머신"을 사서 몇 시간씩 운동을 시킨다고 한다. 밥도 그냥 밥을 주는 게 아니고 반려견용 다이어트 식품을 사서 준단다.

영양제도 있다고 한다. 우리나라 KT&G

한국담배인삼공사에서 지니펫(GINIPET)이라는 영양제를 개발했다고 한다. 가격이 비싸 사람이 사먹기도 어려운 정관장 6년산 인삼에다 영양 보충과 면역력 증강되고 관절까지 보호가 된단다.

동물병원도 이제 전문화 시대로

내과, 외과 등 전문병원으로 표시되고 있다. 그냥 "동물병원"만 해서는 전문성이 없어 보여 잘 안 된다고 한다. 개도 이제는 사람 같이 허리가 아픈 모양이다. "도움병원"이라는 이름의 병원에서는 "개 디스크" 전문 병원이라고 홍보하고 있다. 정신과도 있단다. 개 "우울증"을 치료하는 병원까지 생겼다고 한다.

미국에 "Dog Beach"라고
부르는 해변이 있다. 캘리포니아 SanDiego에 있는데 개를 데리고 와서 노는 해변이다. 개를 데리고 와 놀기도 하고 개를 태우고 윈드서핑도 탄다. 개를 태우고서 윈드서핑 경기도 한다.

Dog Beach에는 개를 상징하는
아주 큰 개 발자국을 만들어 놓았다 한다. 개의 발자국을 엄청 크게 만들어 놓았다. 발가락 한 개 크기가 25피트 약 8미터라니 엄청 큰 모양이다. 얼마나 큰지 LA 상공의 비행기에서 아래로 내려다보면 Dog Beach 해안의 이 개 발자국이 보인

개 발자국이 엄청 커 비행기를 타고 보면 LA 상공에서도 이 발자국이 보인다고 한다.

개를 태운 경기 시상식을 하고 있다.

다고 한다. Dog Beach에서 개를 태운 윈드서핑 경기를 시작한 지 상당히 오래되었다. 1987부터 시작했다고 한다.

일본 요코하마 해변에서도
개를 태운 윈드서핑 경기를 오래전부터 하고 있다. 전 일본실업단연맹(全日本実業団連盟)주체로 30여 년 전부터 개를 태운 윈드서핑 경기를 하고 있다.

이제 우리나라도 머지않아
어딘가에서는 "Dog Beach"가 만들어지고 거기서 강아지를 태운 windsurfing 경기도 곧 시작할 것으로 예상한다.

윈드서핑을 타는 강아지 동영상
https://www.youtube.com/watch?v=EBGQGRHWO60

풍기문란 "불장난"?

울산에서 PWA를 처음 시작한 것이 계기가 되어 세계적 윈드서핑 "부부 선수"가 탄생하였다. 남자는 PWA 회장 Jimmy, 여자는 터키출신 Kubat. 둘 다 세계랭킹 10위 안에 드는 우수 선수들이다.

진하 해수욕장에 웃통 벗은

육중한 신체의 외국인들이 나타났다. 비키니만 입은 키가 크고 날씬한 외국 여자

선수들도 나타나 장비를 들고 이동하고 있었다.

울산에서 PWA 국제 대회를
처음으로 개최하니 외국인 남녀 선수들이 진하 해변을 수놓았다. 볼거리가 생겼
다. 수영복만 입은 외국 선수들이 해변을 왔다갔다 하니 우리나라에서 국제 대회
를 개최하는 실감이 느껴졌다. 2007년 5월 처음 국제 대회를 시작을 한 이후 해
마다 100여 명 이상 남녀 외국 선수들이 몰려왔다.

남자 선수들은 남자 숙소로
그리고 여자 선수들은 여자 숙소로 구분하여 배정하였다. 남녀 구분은 엄격하였
다. PWA 경기를 시작한 지 2년쯤 지났을까. 이것 웬일인가? 깜짝 놀랄 장면이 발
견되었다. 이른 아침에 숙소에서 사람이 나오는데 한 남자선수가 여자 숙소에서
나오는 것이었다. 놀랐다! 서양 사람의 생활 풍속은 우리와는 다르니 그럴 수도
있겠지 생각했다. 그럼에도 불구하고 흥미로워서 계속 관찰해 보니 둘 사이가 여
간한 게 아닌 것 같은 느낌이 들게 했다.

이것 너무 심한데
풍기문란 아닌가? 그것도 남자 선수는 미국의 Jimmy Diaz ISV-11 선수였다. 여
자 선수는 미모가 좋고 늘씬한 터키의 Çağla Kubat TUR-75였다. 그런데 남자는
다른 사람이 아니고 PWA 회장이라는 사람이었다.
PWA 최고 회장이니까 언뜻 우리나라 충청남도 안희정 도지사와 그의 비서 김지
은 양과 같은 느낌이 들게 하였다.

두 사람의 관계가 뭔가 이상해
보였지만 두 선수는 열심히 경기에 몰두하였다. 둘 다 윈드서핑은 참 잘 탔다. 남

녀 모두 3등 안에는 들지 못하여 시상대에 서지는 못했지만 우수한 실력을 과시하였다. 그 후 두 선수는 해마다 울산 PWA에 빠짐없이 와서 경기를 계속 해왔다.

그런데 2013년 추운 겨울 어느 날
둘이 결혼을 한다는 소식이 날아왔다. 그제서야 그때 그 사건이 "풍기문란"도 아니고 "불장난"도 아니었다는 걸 알게 되었다. 진하 PWA가 맺어준 그때 그 인연이 끝까지 가서 드디어 사랑의 열매를 맺게 된 것이다. Jimmy Diaz가 1969년생이니까 당시 45살에 결혼을 하게 된 것이다.

결혼한 이후에도 둘은 울산 PWA 경기에 계속 참가 해왔다.
그 다음해 2015년 대회 때는 남자 아기를 낳아 안고 왔다. 여자 선수는 아기를 보느라고 경기에는 뛰지 않고 남자 선수만 경기에 참가했다.

"Cube" 맞추며 타기

요즘 와서는 윈드서핑 타기가 쉬워졌다. 그래도 한손으로 타기는 힘들다.
한 손으로 타면서 다른 손으로 32초만에 cube를 맞추었다.

윈드서핑 타는 사람들 중에는 참으로
별난 사람들이 많다. 한 손으로 큐브(cube)를 들고 어려운 이 "큐브"를 뱅뱅 돌려
맞추면서 다른 손으로 윈드서핑을 타는 사람이 다 있다. 특별한 '재주'이고 희한한
사람이다.

루빅스 큐브(Rubik's Cube)라는 것은
어린이 "장난감"이다. 뺑글 뺑글 돌리면서 한 면에 똑같은 색깔로 맞추는데 지루하지 않고 상당히 재미있다. 세계적으로 널리 알려진 유명한 장난감이다.

처음 해보면 재미는 있지만 힘들다.
될 듯도 하지만 잘 안 된다. 상당히 어렵다. 보통 사람은 2~3일 걸려서 겨우 맞춘다. 2~3일 걸려도 사람에 따라서는 결국 맞추지 못하는 사람도 많다.

영국인 Michael George라는
윈드서퍼는 windsurfing을 타면서도 이 큐브를 잘 맞춘다는 소문이 나 있었다. 그는 데이터 과학 건축가였다. 그는 윈드서핑 잡지인 ≪SURFERTODAY≫와 '큐브' 맞추는 것에 대한 인터뷰를 했다.
윈드서핑을 타면서 큐브를 맞추는 것이었다. 그는 한 손으로 붐을 잡고 윈드서핑 타고 가면서 다른 손으로는 이 큐브를 맞추는 것이었다. 그는 32초 만에 완전히 다 맞추었다. 1분도 안 걸렸다. 이건 엄청 빠른 속도라고 한다.

맞추는 기록에는 한 손 기록과 두 손 기록이
따로 있는데 한 손 속도로 32초는 엄청 빠른 속도라 한다. 그것도 그냥 가만히 앉아 한 손으로 큐브만 맞춘 게 아니다. 흔들리는 바다 위에서 윈드서핑을 타고 가면서 한 손으로 맞춘 시간이다. 이 속도는 세계적으로 빠른 속도로 평가되었다 한다.

누가 누가 잘하나 세계선수권대회도 있다.
현재까지는 20회전으로 4.90초 만에 끝낸 Lucas Etter가 "세계챔피언"이다.

"최고" 속도는 ?

윈드서핑 최고 시속은 100km라고 한다. 하지만 정확한 기록은 99.7Km이다.
아직 조금 모자란다.

© Lacave

윈드서핑을 타고 최고 시속 몇 km까지

빨리 달릴 수 있을까 ? 오래 전부터 100km는 달릴 수 있다고 이야기들 해 왔다.

그러나 공식적으로는 아직 100km의 벽을 넘지 못하고 있다.

지금까지 윈드서핑의 최고 기록은
2015년 Antoine이 세운 53.27노트이다. 5년 전 기록이다. 이것은 100km가 안
되는 속도이다. 풍속 53.27노트를 이를 시속 km로 환산하면 100km에 조금 모
자라는 99.7km란다. 100km가 되려면 54노트가 되어야 한다.
이미 수년 전에 100km 가까이 왔지만 공식적으로는 아직 100km의 벽을 넘지
못해 애를 태우고 있다.

요즘은 핸드폰으로도 속도 측정이
가능하다. 그 외 인공위성 GPS시스템이 발달하여 온갖 과학적인 속도 측정 장비
가 많이 나와 있어 정확한 속도 측정이 가능하다. 하지만 공식적인 공인 기록이
아니란다. 공인 기록은 까다롭다.

공인 기록은 상당히 복잡한 절차를
거쳐야 한다. 기록 경신 행사를 실시하여 그때 속도 측정 자격증이 있는 공인계측
관이 현장에 참석한 상태에서 직접 속도를 측정하여 인증서에 서명한 속도만이
공인 기록이 된다.

윈드서핑은 영국 런던에 있는
WSSRC라는 기관 한 군데에서만 이 공인 기록 경신 행사를 실시한다. 이는 ISAF
의 전신인 IYRU에서 1972년에 공인 기관으로 인증을 하였는데, 아직도 그곳에
서만 계속 공인 기록을 측정하여 발표하고 있다. 영국에는 이런 기관이 많은 모
양이다.

그런데 '카이트kite'는 10여 년 전에 이미 마의 100km를 넘겼다. 카이트는 2010년 100km의 벽을 넘긴 것이다. 기록 경신 행사를 하기 위해서는 개최 비용이 든다.

우선 돈을 내는 '행사 스폰서'가 있어야 하고 또 신기록을 경신하려는 도전자가 있어야 한다. 카이트는 2010년에 기록 경신 행사를 해 보니까 100km를 넘지 못하였다. 넘지 않으니 그해 바로 또 신기록 경신 행사를 무려 두 번씩이나 실시하여 기어코 공인 기록 100km를 넘긴 것이다. 카이트에는 그만큼 온갖 스폰을 하는 사람이 많다는 이야기다.

윈드서핑은 스폰이 없어 기록 경신 행사를 자주 못하는 것 같기도 같다.

©PWA

첫 울산 대회 2007 PWA
개최를 축하하며 주먹을
과시하는 Antoine Albeau

윈드서핑 최고속도 경신 기록

연도	선수	장소	기록
1972	Leif Wagner Smitt DEN	Portland, UK	13.60 kts
1974	Reg Bratt GBR	Portland, UK	15.04 kts
1977	Derk Thijs NED	Portland, UK	19.10 kts
1980	Jaap van de Rest NED	Hawaii, USA	24.63 kts
1981	Jurgen Honscheid GER	Portland, UK	24.75 kts
1981	Jaap van de Rest NED	Veerse Meer, NED	25.11 kts
1982	Jan Gorrissen NED	Brest, FRA	25.32 kts
1982	Philip Pudenz GER	Brest, FRA	26.50 kts
1982	Pascal Maka FRA	Portland, UK	27.80 kts
1983	Fred Haywood USA	Portland, UK	30.83 kts
1985	Michael Pucher AUT	Pt.St.Louis, FRA	32.35 kts
1988	Erik Beale GBR	Stes.Maries, FRA	40.48 kts
1990	Pascal Maka FRA	Stes.Maries, FRA	42.91 kts
1991	Thierry Bielak FRA	Stes.Maries, FRA	43.06 kts
1991	Thierry Bielak FRA	Stes.Maries, FRA	44.66 kts
1993	Thierry Bielak FRA	Stes.Maries, FRA	45.34 kts
2003	Finian Maynard BV	Stes.Maries, FRA	46.24 kts
2004	Finian Maynard BVI	Stes.Maries, FRA	46.82 kts
2005	Finian Maynard BVI	Stes,Maries, FRA	48.70 kts
2008	Antoine Albeau FRA	Stes,Maries, FRA	49.09 kts
2012	Antoine Albeau FRA	Luderitz, NAM	52.05 kts
2015	Antoine Albeau FRA	Luderitz, NAM	53.27 kts

누가 *Longest ?*

9개의 보드를 묶어서 타 Longest 기록 도전이 시작되었다.

윈드서핑은 널빤지 '보드' 하나에
한 사람이 타는 스포츠이다. 그런데 여러 개의 보드를 묶어 하나로 만들어 타기도
한다. 여러 개를 묶어 타게 되면 모두의 방향이 서로 맞아야 하기 때문에 타기가
약간 어렵다. 하지만 서로 조화를 이루어야 하기 때문에 나름대로 재미는 있는 모
양이다.

1980년 5월 네덜란드에서 9개를
묶은 윈드서핑 보드를 만들어 탔다. 이것이 뉴스거리가 되었다. ToenJoop
Nederpelt 라는 사람이 네덜란드에서는 윈드서핑을 제일 먼저 탄 사람으로 알려
져 있다. Coca Cola(코카콜라)에서는 이 Nederpelt를 초청하여 9개 윈드서핑 보
드를 묶어 타는 행사를 하였고 많은 관심을 받았다. 세계에서 가장 긴 윈드서핑
보드라는 기록을 세웠다.

광고 효과가 좋으니까 누가 longest냐 ?
하는 경쟁이 벌어졌다. Mistral 등 보드 제조업체들까지 끼어들어 경쟁이 더했다.
2015년 9월 26일 일라이덴의 Valkenburg Lake에서 하나의 판자 대신에 목재판
으로 연결된 14개의 윈드서핑 보드를 만들었다. 35.7m 길이의 보드에 14명이
함께 탑승했다. 이 기록은 지금까지의 최고 기록이라고 한다.
이 기록은 기네스북에도 올라 있다고 한다.

35m 14명이 한꺼번에 윈드서핑 보드에 탄 것이 현재까지 최고 기록이다.   © SWV Plankenkoorts

한편 세일이 없는 서프(surf)에서도 경쟁이 벌어졌다. 서프 보드에는 세일이 없으니까 보드만 크게 만들어 사람이 많이 타기만 하면 기록이 된다. 2015년 6월 20일 미국 캘리포니아 주 헌팅턴 비치에서 42피트 12미터나 되는 '서프 보드'를 만들었다. 이 조그마한 보드 위에 사람이 무려 66명이나 올라타고 간 것이 longest 기록이라 한다.

12미터 서프 보드 위에 사람이 무려 66명이나 올라 탄 것이
현재 최고 기록이다.

© Guinness World Records

https://www.symmetrixcomposites.com/2015/09/09/symmetrix-worlds-largest-surfboard/

직업병 ? "귓 병"

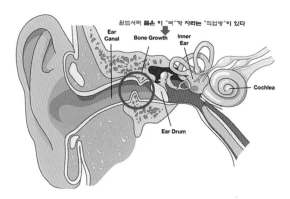

윈드서핑으로 밥 먹고 사는 사람도 많다. 직업이니까 '직업병'이 뭐라고? '귓병'이란다.

모든 직업이든지 '직업병'이라는
것이 있다. 윈드서핑을 타는 사람들의 직업병은 무엇인가? "귓병"으로 알려져
있다.

윈드서핑의 발상지인
미국 캘리포니아 지역에서는 70년대 윈드서핑에 대한 열기가 엄청나게 불었다. 기괴
한 스포츠라며 젊은 사람들이 해변으로 몰려와 "윈드서핑"을 엄청 많이 탔다.

윈드서핑이 처음 나왔을 때

서서 타는 요트라며 젊은이들 사이에 중독 증상까지 보일 정도였다. 당시 윈드서핑 열기가 대단할 때 캘리포니아 의사들은 윈드서핑 타는 사람들은 귓병이 잘 걸린다 하여 윈드서퍼의 직업병은 이 '귓병'이라고 정의하였다.

요트 타는 사람도 귓병에

잘 걸리겠네? 그런데 요트 타는 사람은 귓병에 잘 걸리지 않는다. 단지 윈드서핑 타는 사람만이 귓병에 잘 걸린다고 한다. 이것을 연구한 의사들이 말하기를, 윈드서퍼들은 물에 잘 빠지기 때문에 귀안에 Exostosis라는 뼈가 돋아나 이것이 병이 된다는 것이다.

귀가 찬물과 차가운 바람에

오랫동안 노출되면 우리 몸은 일단 첫 번째 방어선을 구축한다. 청각 시스템을 보호하기 위하여 Exostosis이 돋아난다는 것이다. 그래서 귓병이 생긴다.

이러한 연구 데이터들은

초창기 윈드서퍼들이 물에 잘 빠지고 윈드서핑 타는 환경이 열악했을 때의 이야기인 것 같다. 초창기에는 물에 많이 빠졌다. 심지어 Olympic 경기 중에도 선수들이 물에 빠졌다.

참 웃기는 이야기다. 요즘은 Olympic 선수가 물에 빠진다는 것은 상상할 수도 없는 일이다. 요즘은 물에 잘 안 빠진다. 윈드서핑 타는 모든 상황이 지금은 완전히 달라졌다. 그래서 당시 의사들이 정의한 이 연구가 지금도 맞는지 의문이 든다.

이 직업병 논란은 윈드서핑 역사의 한 장면인지 모른다.

할아버지 아버지 손자 함께 **타!**

'윈드서핑'은 평화로운 "가족 스포츠"이다. 3대가 같이 탄다. 이 사진 속 아버지는 눈만 뜨면 윈드서핑을 타 전설(legend)이라며 존경을 받고 있다.

아버지, 할아버지, 손자 3대가
함께 "윈드서핑"을 타고 있는 가족이 있어 화제다. 타도 3대 모두가 다 잘 탄다.
이 가족은 유별나게 윈드서핑을 좋아하며 또 윈드서핑을 많이 타고 윈드서핑과
더불어 긴 인생을 살아가고 있다.

어린 손자인 Liam 군은
2004년생이다. 어리지만 요즘 한창 뜨고 있다. 2018년에는 PWA Gran Canaria
Youth에서 2위를 했다. 2019에는 1위로 챔피언까지 기대하고 있었다.
할아버지인 Eugen Dunkerbeck은 39년생으로 80대 노인이다. 하지만 아직도
온갖 윈드서핑 경기에 참가하고 있다. 뿐만 아니라 "windsurfing young!" 이라
하면서 젊음을 과시하는 재미있는 윈드서핑 이벤트 활동까지 하고 있다.

아버지는 2014년 은퇴

아버지 Bjorn은 윈드서핑 프로 선수였다.
2014년에 선수 생활에서 은퇴를 하였다. 은퇴하기 전까지는 프로 선수로서 프로
라는 것이 무엇인지 보여 주었다. 그 유명한 살아있는 전설(legend)이라면서 "던
커백 던커백" 하던 바로 그 Bjorn Dunkerbeck 선수다.

던커백은 18세 때인 1988년에
처음으로 PWA 챔피언 타이틀을 거머쥐었다. 그것도 당시 전 세계 윈드서핑을 주
름 잡고 있었던 Naish를 무너뜨리고서 말이다.

그 후 2014년에 은퇴할 때까지

32년 동안 긴 프로 선수 생활을 했다. 전 세계 선수권을 156회나 획득했다. PWA 챔피언만 해도 42회를 하였다. 윈드서핑에 관한 한 20여 년 동안 사실상 천하무적의 상태였다. 너무 잘 타서 전설(legend)이라는 칭호까지 받게 된 것이다.

던커백은 프로 선수 생활을 할 때

국적을 바꾸기까지 하였다. 스위스, 네덜란드, 스페인, 프랑스는 어느 나라 선수인지 국적이 애매하기도 하였다. 국적까지 바꾼다하여 못마땅해 하는 사람들도 없지 않았다. 그러나 그는 프로 선수였다. 국적까지 바뀌게 하는 그런 "스폰(sponsor)"는 그리 많지 않다. 사실 국적까지 바꿨다는 것은 프로 선수로서 보기 드문 "진면목"을 보여준 것이라고도 한다.

그는 천하무적의 챔피언이었지만

잔꾀를 부리는 그런 선수가 아니었다. 항상 기본에 충실한 선수였다. 조그마한 기술(technic)이라도 생각나면 연습을 엄청 많이 하는 선수였다. 윈드서핑 최고 속도 기록도 10여 년 보유하고 있었다.

던커백은 3남 1녀의 자녀를 두었는데

자녀들과 함께 매일 윈드서핑을 탄다. 돈을 많이 번 이유에는 PWA 상금도 많았지만 여기 저기 스폰도 많이 받았기 때문이다. 그래서 프로를 지향하는 선수들의 선망의 대상이 되기도 했다.

한국과도 많은 사연

우리 한국과도 얽힌 사연이 많다.

2007년 국내에서 첫 PWA를 처음 시작하면서부터 던커백 선수를 꼭 참가시켜 보려고 하였다. "윈드서핑 전설"이라며 인기가 엄청 좋았던 시절이라 던커백이 와야만 첫 대회가 성공이라는 말이 나올 것 같았다. 온갖 혜택을 다 주려 하였다. 팸플릿 표지에 던커백 사진을 크게 올려 놓는가 하면 비행기 표를 대 주겠으니 와 달라 하며 온갖 공을 들인 것이다.

그러나 이 친구는 기어코

오지 않았다. 그러나 그 이듬해인 2008년에는 참가하겠다는 연락이 왔다. 야, 이 제야 드디어 참가를 하는구나 싶어 꿈을 부풀게 하였다.

그런데 이게 웬일인가?

개회식이 끝나가는데도 도무지 이 사람이 나타나지 않았다. 기다려도 기다려도 끝내 나타나지 않는 것이었다. 울산으로 오다가 파리 공항에서 그냥 집으로 되돌 아갔다는 소식이 들려왔다. 공항에서 짐을 부치다가 공항 직원과 화물 초과 요금 때문에 "시비"가 붙어 기분이 나빠 집으로 도로 갔다는 것이었다. 참으로 기가 차 는 친구였다.

3년이나 지난 후 2009년에야

처음으로 한국에 왔다. 보니까 도와주는 사람을 두 사람이나 데리고 왔다. 과연 돈 잘 번다는 이야기가 실감이 나는 듯했다. 한 사람은 장비 같은 것을 운반 세팅 하고 다른 사람은 주로 사진을 찍었다.

던커백이 진하 해변에 도착하자

인근 갤럭시호텔에 '기자회견장'을 마련하였다. 던커백에게 4시에 와서 기자 회견에 참석해 달라고 하였다. 그런데 기뻐할 줄만 알았던 던커백은 자기는 그 시간에 윈드서핑 연습을 해야 한다면서 참석을 하겠다는 확실한 대답을 하지 않았다. 기자들을 불러놓고 기자회견장까지 마련했는데 행여 이 친구가 나타나지 않을까봐 혼쭐이 나기도 하였다.

그 후에는 울산 PWA에는

매년 계속 출전해 왔다. 1위 챔피언 우승도 하여 돈을 몇 천만 원씩 벌어 가기도 하였다.

유명한 "윈드서핑 명언"

그는 윈드서핑을 아주 순수하게

열심히 탔다. 우선 윈드서핑을 매일 탄다. 놀랄 정도로 물속에 내내 살면서 세월을 보내고 있는 타입이다. 윈드서핑을 그렇게 많이 타고도 윈드서핑이란 것이 신비한지 호기심이 가득하여 평생을 물속에서 윈드서핑과 더불어 살아온 것이다. 윈드서핑을 타면서 인생의 보람과 인생의 참행복을 찾으려 하였다. 이것이 던커백의 진짜 가장 위대한 업적인지 모른다.

2014년 은퇴기념식장에서

한 기자가 물었다.

"Wie viele Tage am Stück haben Sie es seitdem ohne zu surfen ausgehalten?"

독일어이다. 번역하면,

"당신은 윈드서핑을 타지 아니하고 며칠 동안 생존이 가능합니까?"이다.

대답은 "Nicht viele."라고 하였다.

"길지 않다."로 번역 되었다. 윈드서핑을 타지 않고는 며칠 못 산다는 것이다. 윈드서핑을 타지 아니하면 불과 며칠밖에 살수가 없다는 그런 이야기다.

윈드서핑 역사에 참으로 기가 막히는 "윈드서핑 명언 질문과 답변 하나"를 남긴 것이다.

윈드서핑의 전설 Bjorn Dunkerbeck

목숨 걸고 타!

150m 높이 빙하 옆에서 목숨을 걸고 타는 Florian Jung. 2008년 1월 17일 BARCROFT MEDIA

150m 높이의 '빙산' 바로 옆에서
목숨을 걸고 윈드서핑을 탄 모험가가 있어 화제가 된 적이 있다.
독일의 월드서핑업자인
플로리안 정(Florian Jung, 24세)이라는 친구다. 알래스카 Chenega에서 빙하가 흘러내려 무너지고 있었다. 거대한 빙산은 일부가 얼음 바위가 되어 아래로 "쾅쾅" 소리를 내며 계속 흘러 떨어지고 있었다. 엄청 위험한 곳이다. 대략 30분마다 거대한 얼음 바위가 물속으로 풍덩 떨어지고 물이 위로 치솟고 있었다.

얼음 바위가 아래로 흘러 떨어지면서
바람을 일으켜 얼음 조각이 섞인 바람이 불기도 하였다. 위험해도 이만저만한 위험한 지역이 아니다. 엄청 위험하다. 그는 이 위험천만한 지역에서 위험을 무릅쓰고 윈드서핑을 모험적으로 타 보는 것이었다.

앞쪽 사진은 플로리안 정이
2008년 12월 17일 이 엄청 위험한 지역에 가서 목숨을 걸고 윈드서핑을 타면서 사진을 찍은 것이다.

왜 목숨을 걸고 이러한 위험한
윈드서핑을 타느냐? 물었다. "나는 항상 빙하 근처에서 윈드서핑 타는 일을 꿈 꿔 왔다."라며 "지금까지 아무도 알래스카의 빙하 옆 가장 위험한 곳에서 윈드서핑을 타 본 사람이 없었다. 나는 최초의 남성이 된 것을 자랑스럽게 생각한다."라고 답했다.

윈드서핑이라는 스포츠는
원래 생리적으로 도전적인 스포츠이다. 이렇게 목숨을 걸고 타야만 윈드서핑 타는 "참 맛"이 난다고 한다. 윈드서핑 타는 사람들 중에는 이렇게 목숨까지 걸고 별난 도전을 하는 친구가 한둘이 아니다.

윈드서핑 타고 **"출근"**

영국 수상 비서실장을 지낸 "노인네"가 템즈강에서 양복을 입은 채 윈드서핑을 타고 출근하다 물에 빠졌다. 속옷 안에 life jacket을 입어 생명에는 지장이 없었다.

© Alex Alan Archive

알렉스 앨런(Alex Allan)라는

영국 공직자가 있었다. 상당히 고위직이다. 재무부장관을 지냈고 수상 비서실장을 하였다. 우리나라로 치면 대통령 비서실장쯤 해당하는 상당히 고위직 공무원이다.

80년대 마가렛 대처 수상 시절이다.

마가렛 수상은 여자이지만 철의 여인(Iron Lady)이라고 하여 정치를 강력하게 하였다. 당시 영국 런던에서는 파업이 심했다. 열차 파업까지 있었다. 그러다 보니 런던 시내 교통이 마비되었다. 출퇴근이 엉망이 되고 시민의 짜증이 엄청났다.

Alex Allan은

좀 특이한 생각을 했다. 교통이 마비되어 모두들 출근하기가 힘든 상황이니 윈드서핑을 타고 출근을 하면 어떨까? 이런 생각을 했다. Allan은 템즈강을 건너 윈드서핑을 타고 한번 출근하기로 했다. 이는 노조의 열차 파업에 대하여 출퇴근이 불편하다는 항의를 해보자는 의도였다.

영국 신사답게 중절모자를 쓰고

양복을 입고 서류 가방과 우산을 가지고 윈드서핑을 타고 출발하였다. 템즈강을 따라 윈드서핑을 타고 기분 좋게 잘 나갔다. 그런데 국회의사당 앞에서 그만 물에 "풍덩" 빠지고 말았다.

Allan은 공무원으로서

공무를 수행한다는 이미지를 나타내기 위해 검은 재킷과 줄무늬 바지 양복을 입고 있었다. 그러나 그 속에는 구명복을 입고 있었다. 양복을 입은 채 물에 빠졌지만 속에 구명복을 입고 있었기에 위험 문제는 없었다.

그런데 물에 빠지면서
가방과 함께 물에 빠지고 말았다. 그 가방 안에는 그야말로 중요한 서류가 들어있었다. 윈드서핑 역사의 웃지 못할 한 장면이다.

© Alex Alan Archive

"유럽" 한 바퀴 돌기 ❗

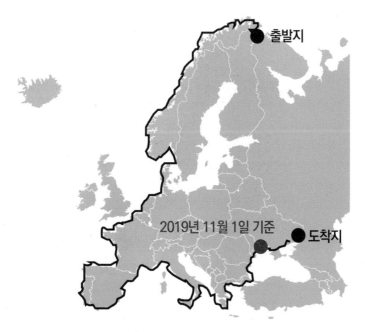

출발지

2019년 11월 1일 기준

도착지

윈드서핑을 타고 유럽을 해안을 따리 한 바퀴 돌고 있다. 2년 정도 걸린단다.

윈드서핑을 타고

혼자서 유럽 대륙 해안을 혼자 돌고 있는 친구가 있다.

영국인으로 이름이 Jonathan Dunnett라는 친구다.

유럽 대륙의 제일 꼭대기라 할 수 있는 노르웨이에서 출발하여 대서양을 거쳐 지중해로 들어와 흑해 우크라이나 근방까지 9,320마일 15,000km 거리다. 약 20개 국가의 해안을 거치면서 2년 정도 걸릴 것으로 잡았다.

Dunnett는 2017년 5월 16일 출발지인

노르웨이와 러시아 국경 지역에서 출발했다. 나이 43살에 출발하여 지금은 45살이다. 아직 계속 윈드서핑을 타고 목적지인 우크라이나로 향하여 가고 있다. 국제 Raceboard 협회에서 지원은 안 하는 것 같은데 이 소식은 계속 내 보내고 있다.

이 친구는 아무런 "지원선"이 없이 자기 혼자서

윈드서핑을 타고 그냥 즐기면서 계속 돌고 있다. 그래서 육지에서 멀리는 못가고 육지가 보이는 해안선을 따라서 돌고 있다. 윈드서핑 위에 방수백 2개에다가 야전용 침량 물론 EPIRB조난경보기, 휴대폰, 무전기, VHF 라디오, 식수, 식품 등 필요한 것 모두 싣고서 돌고 있다.

그는 윈드서핑을 타고 가면서 외부와의 연락은

매일 자기의 facebook과 자기 홈페이지 웹 사이트로 대화한다. 자기의 현재의 위치를 계속 기록하고 다음 상륙지를 미리 알려준다. 도착지 저녁에 해안에 상륙 시 숙식을 제공 해줄만한 사람을 찾는다. 만약 도와줄 사람이 나타나면 그 집에 가서 잔다. 아무도 도와주는 사람이 없으면 가지고 다니는 "야전용 침량"을 꺼내 해변가에서 혼자서 잔다.

이제 목적지에 거의 다 와 간다.

2019년 10월 30일 기준으로 그의 위치는 목적지가 보이는 흑해에 안으로 들어왔다. 지난해 3월 지중해 해안으로 들어와 스페인 근방에 감기에 몸살을 앓아 2개월 휴식을 취하기도 했다. 그래서 2년이면 끝내겠다고 했는데 조금 늦어 질 것도 같다.

혼자서 타고 가보니 예상외로 어려움이 많았다고 한다. 특히 여러 가지 법률적 문제라 한다. 막상 타보니 마음대로 육지에 상륙하기가 쉽지 않았다고 한다. 간첩으로 몰리기도 한다. 그 외 어려움은 냉증, 열, 영양 문제, 질병, 부상, 착륙 곤란, 빛과 강풍, 거센 부풀림, 조류, 해운, 군사 구역, 고갈 및 정치적 장벽이라고 쓰고 있다.

연락은 페이스북 주소로 할 수 있다.

Dunnett Facebook
www.facebook.com/windsurfroundeurope

윈드서핑 경기 대회는 축제 형식으로 진행된다. 출전한 선수들에 대한 환영 행사를 개최하여 윈드서퍼들끼리 상호 간의 친목을 다지게 한다.

방송국 DJ **이종환**

예전 라디오 시대 방송국에는 "디스크 자키(DJ)"라는 직업이 있었
다. 유명한 DJ 이종환은 우리나라 윈드서핑 개척자였다.

우리나라 윈드서핑을 처음 개척한

사람들 중에는 70년대 권희범 씨와 더불어 '이종환'이라는 사람이 있었다. MBC

라디오 방송국에 근무하면서 DJ(Disc Jockey, 디스크 자키)를 하던 사람이었다.

당시에는 흑백 TV가 있긴 있었지만

모든 방송은 라디오(radio) 위주였다. 당시 이종환 씨는 〈별이 빛나는 밤에〉라는 프로그램을 진행하였다. 매일 밤 10시부터 두 시간 동안 했다. 엄청 인기가 좋아서 20년 동안이나 계속되었다.

이종환씨는 윈드서핑 이야기를

방송에서 재미나게 많이 하여 윈드서핑 보급에 크게 기여하였다. 이종환 씨가 광나루에 윈드서핑을 타러 나오면 당시 유명한 일류 가수가 많이 따라 나왔다. 송창식, 남궁옥분, 윤형주, 김세환 등이 나왔다.

이종환 씨는 80년대 명동에서

"쉘부르(Cherbourg)"라는 '음악 감상실'도 차렸는데 젊은이가 많이 모였다. 당시 이 "음악 감상실"이라는 것이 유행했다. 그는 무대를 온통 윈드서핑으로 꾸몄다. 조영남, 서수남 등 당시 인기가 있던 통기타 가수들이 직접 출연했다. 이들에게도 윈드서핑을 공개적으로 권유하기도 했다.

윈드서핑 인구가 점차 늘어나

이제 '윈드서핑협회' 창설의 필요성이 대두되었다. 한국에서 최초의 윈드서핑협회라 할 수 있는 "한국윈드서핑연맹"을 창설하여 연맹장을 오래도록 하였다.

1983년 초에는 홍콩에서 열렸던

"아시아 윈드서핑 대회"에 직접 다녀오기도 하였다. 다녀온 후 1983년 3월 13일자 일간스포츠에 직접 쓴 "참관보고서"를 남겼다. 윈드서핑은 우리 체격에 적합

1983.3.31. 일간스포츠에 실린 "해외경기 참관보고서" 우리나라 초기 윈드서핑 역사의 귀중한 자료다.

하여 향후 전망이 좋은 스포츠 종목 같다고 했다. 그는 이것으로 우리나라 초창기 윈드서핑 역사에 너무나 귀한 자료를 남겼다.

옛날 윈드서핑 원로들이 "풍우회"라는
모임을 결성하기로 하고 초대 회장으로 이종환 님을 모시기로 하였다. 초대 회장직을 하기로 수락을 하였으나 폐암으로 투병하다가 풍우회 회장직으로 취임을 하지도 못한 채 2013년 5월 30일에 세상을 떠나고 말았다.

이종환을 좋아했던 사람들은 아직도
"이종환을 사랑한 사람들 모임"(http://cafe.daum.net/thebestdj)라는 카페를 운영하고 있다. 아직까지도 그 때 그 시절 이야기꽃을 피우고 있다.

MBC에서 20년간 진행된 "별이 빛나는 밤에"에서 20여 년간 내내 윈드서핑 이야기를 하였다.

노무현 대통령 님

우리나라는 윈드서핑 타던 사람 중에 대통령까지 나왔던 적도 있었다.
윈드서핑 타는 사람으로서는 자랑스럽고 영광이다.

노무현 전 대통령이 변호사 시절 부산에서
윈드서핑을 탔다. 대통령을 한 사람이 윈드서핑을 탔다는 사실에 요트인들은 자랑스럽게 여기고 있다. 그때 대통령과 같이 탄 사람들은 부산요트클럽의 선병호, 심민보, 유재동 님들이었다. 같이 윈드서핑 타던 그 사람이 훗날 대통령에 당선이 되니까 당시 요트인들 사이에 많은 일화가 터져 나오기도 했다.

대통령이 막상 다리를 내어 놓고
윈드서핑을 타는 장면이 담긴 사진을 보니까 뭔가 이상야릇한 느낌이 든다고 말하는 사람도 있었다. 노무현 전 대통령은 윈드서핑을 탔지만 요트도 탔다. 요트를 타고 부산에서 출발하여 일본 대마도까지 가기도 하였다. 요트를 타고 대마도까지 간 것이 해외 여행으로 기록되었는데, 대통령이 되기 전에 해 본 유일한 해외 여행 경험이라 하여 화제가 되기도 하였다.

그런데 그때 만약 요트를 타고
대마도까지 한번 갔다 오지 않았다면 대통령이 되기 전에 해외 여행을 한번도 해 본 적이 없는 사람이 대통령에 당선되었다고 더 큰 화젯거리가 될 뻔도 하였다.

이들 부산요트클럽 회원들은 그 이후에도 요트클럽 활동을 엄청나게 활발히 지속하였다. 88 서울올림픽의 요트 경기는 부산 수영만 요트경기장에서 개최하였는데 이때 부산요트클럽회원이 올림픽 요트 경기에 혁신적인 역할을 하였다.

"비행기" 만지며 타기

비행기가 너무 낮게 뜬 채 지나가는 윈드서핑장이 있다. 비행기가 손에 만져질 듯 하다.
Kite는 비행기에 걸리기 때문에 아예 타지 못한다.

남미 쿠바 섬 옆에 캐리비안(Caribbean)이라는 조그마한 섬이 있다.

이 섬은 제주도보다 조금 더 크지만 2개 국가가 점령하고 있다. 반쯤은 네덜란드

땅이고 또 반쯤은 프랑스 땅으로 나누어져 있는 희한한 작은 섬이다. 네덜란드 측 땅에 국제 공항이 있는데 이 옆에 그 유명한 마호 해변(Maho Beach)이 있다.

마호 비치는 윈드서핑장으로 유명하다. 세계적으로 큰 윈드서핑 경기가 여기서 열리기도 한다. 그런데 이곳 윈드서핑장에는 머리 바로 위로 비행기가 지나간다. 지상 100피트(30m)로 비행기가 너무 낮게 아주 가까이 지나가기 때문에 비행기가 지날 때마다 사람들은 "와! 와!" 하며 함성소리를 절로 내고, 손으로 비행기를 잡아보려 한다.

이런 스릴 때문에 관광객이 많이 몰리고 있다.
여행 관광 상품 안내에 비행기를 만지며 윈드서핑을 탄다고 홍보하는데, 실제로 비행기가 만져질 듯한 느낌이 든다. 관광객은 많아 마호 비치 바로 옆에 있는 국제 공항인 프린세스 줄리아나 공항은 캐리비안(Caribbean)섬 항공편이 많다고 한다. 섬 자체가 작아 비행장 활주로의 길이도 2,180m로 매우 짧다고 한다. 그래서 마호 비치에서 비행기 고도를 미리 낮추지 않으면 이착륙이 안 되기 때문에 부득이 고도를 낮추어 비행한다고 한다.

한때 이탈리아 여인이 여기서 윈드서핑을 타다가
비행기 바람에 휩쓸려 사망 사고가 발생한 후 윈드서핑이 금지되기도 하였다. 하지만 지금은 윈드서핑이 허가되어 많은 사람이 이곳에서 윈드서핑을 타고 있다. 카이트(kite)는 연이 높이 뜨기 때문에 비행기에 걸릴 위험이 있어 타지 못하게 금지되어 있다.

한 맺힌
Olympic Medal

평생 이루지 못한
"요트국제심판" 꿈

요트 국제 심판이 되어 보는 것이 남모르는 나만의 오랜 꿈이었다. "Magic circle"에
들어가 40년간 기다리던 Olympic Medal을 따는 그 한(恨)을 풀어보고 싶었다.

나는 오래전부터 요트 국제심판이 되어
현재 우리나라의 후진국적인 요트 풍토를 국제표준으로 바꾸어 우리나라 요트를
좀 발전시켜 보려고 한 것이 남모르는 나의 오랜 꿈이었다.

40년 요트인생으로 살아오면서 나도

언젠가는 국제심판이 한번 될 수도 있지 않을까 하는 그런 나름대로의 꿈을 실은 요트 인생으로 세월을 보내왔다. 그러나 나이가 80이 넘어가면서 국제심판이 될 가능성이 희박해졌고 이제는 그런 꿈마저 사라져 가는 느낌이 들어 마음이 허전해진다.

요트국제심판이 되기 위해서는 국제심판세미나에

참석을 하고 자격시험에 응시하여 합격해야 할 것이다. 그런데 우리나라에서는 그런 자격시험을 10년이나 20년 만에 한번쯤 개최를 하여 기회가 참 적었다. 현실적으로 국제심판이 되려면 일본이나 동남아시아 지역에서 개최하는 해외세미나에 참석하여 시험에 응시를 해봐야만 될 것 같았다.

해외에서 개최되는 세미나에 한번 참석을 해보려고

껄쩍거려 보기도 하였다. 그러나 국내 같으면 몰라도 해외에까지 가서 세미나에 참석하여 심판시험에 응시한다는 것이 그때마다 왠지 마음이 썩 나서질 않아 벼루다가 결국 실행에 옮기지는 못하곤 했다.

영어에 대한 자신감 부족 때문에 실행에 옮기지 못한 면도 있다.

영어는 아주 능숙해야만 했다. 은행 다닐 때 해외파견 외국어 자격시험이라는 것이 있었는데 영어시험에 합격하여 미국 LA은행에 가서 3개월간 연수를 받고 온 적이 있고 미군부대 한국군 KATUSA로도 있었다. 그러나 그동안 한국에 온 외국 국제심판들을 보니까 영어가 너무 능통하여 놀랐다. 아무래도 아직은 영어가 부족함을 느껴왔다.

또 실제 dinghy 선수 경력이 부족한 면도 마음에 걸렸다.

Seoul Sailing Club에서 보유한 옛날 370 Model dinghy를 타기는 했다. 그러나 실제 dinghy 선수생활 경력이 거의 없어 국제심판으로서 양심상 무언가 마음에 약간 걸릴 것 같기도 했다.

하지만 오랜 세월 동안 국제심판의 꿈만은
끝내 버리질 못하고 집에서 시간이 날 때마다 부족한 영어를 키우기 위해 미국 CNN, NBC 등 영어방송 TV를 내내 틀어 놓고 내내 들어 보면서 나름대로 국제심판의 꿈을 키워 가면서 살아 왔다.

우리나라의 요트 풍토를 개선하기 위해
전국체전에서만이라도 외국의 국제심판을 초청하여 심판을 보게 해야 한다고 이야기 해왔다. 최근 전국체전에 외국 국제심판을 초청하고 있어서 그나마 국제심판이 있어야 요트가 발전될 것이라는 내 의견에 다소나마 동의해 주는 것 같아 다행스럽게 느끼기도 했다.

나무는 자라는 데 시간이 걸린다.
협회에서나 요트계에서 국제심판이 나올 수 있도록 무언가는 조금이라도 뒷받침을 해줄 만도 한데 사실상 별로 없는 듯하다. 요트 발전을 위해서는 국제심판의 탄생이 필요하다는 인식이 더 필요한 듯하다. 국제심판이 한 사람이라도 더 탄생하기만 하면 전문가가 한 사람 더 늘어나게 되니까 그만큼 우리나라 요트 발전에 도움이 될 것이다.

2008 베이징 Olympic이 끝난 후 ISAF 총회에서 한꺼번에 4명의 Committee
문장연, 장호경, 이필성, 박진우가 선임되어 격려하고 있다.

현재의 우리 요트 세대는 요트 제1세대라고 볼 수 있다.

우리 요트 세대에서는 후진국 스타일 풍토에서 벗어나지 못하고 헤매고 있었다.

그러나 다음 요트 세대에 가서는 우리나라에도 '요트국제심판'이 많이 탄생하여

주길 기원한다.

요트국제심판이 많이 탄생하여 그동안의 후진국 스타일에서 탈피해 보려한 나의

작은 꿈이 후대에서나마 이루어지길 두 손 모아 기원한다.

우선 Magic circle 에 들어가야

매직 서클(Magic circle)이라는

영어 단어가 있다. 이것은 윈드서핑 요트에서만 쓰이는 영어 단어이다. 윈드서핑은 그냥 올림픽 메달을 따는 것이 아니라 어떻게 하든 Magic circle 안에 들어가야만 그제서야 메달을 수 딸 수 있다는 것이다. 우리나라는 아직 매직 서클에 들어가지 못하고 있어 메달을 못 따고 있는 것이다.

요트는 오랜 역사를 가지고 있는데 그 역사 속에
매직 서클이라는 것을 알게 되었다. 윈드서핑이나 요트는 다른 종목과는 달리 기초가 다져져야 하는 스포츠로 하루아침에 메달을 딸 수 있는 것이 아니다. 육상 단거리 선수의 경우처럼 우사인 볼트 같은 선수가 갑자기 나타나 승리를 할 수 있는 그런 종목이 아니라는 것이다.

윈드서핑과 요트는 다른 종목과는 달리 매직 서클에 들어가야만 메달을 딸 수 있다는 것인데 매직서클은 누구나 마술에 걸린다는 원을 가리키는 말이다. 기초를 튼튼히 하여 오랜 수련을 거쳐 매직 서클 안에 들어가야 하고, 그제야 올림픽이나 세계선수권대회에서 승리를 할 수 있다는 의미이다.

요트 경기 요소

경기 요소라는 것이 있다.

1. 윈드서핑 "경기 요소"

- 정신 자세 ● 규칙 잘 알기 ● 스피드 내는 기술
- 경기 전술 ● 팀워크 ● 범장 준비 ● 경기 전략

윈드서핑 경기의 7가지 경기 요소

2. 육상 경기의 단거리 경주의 경기 요소

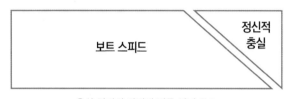

육상 경기의 단거리 경주 경기 요소

육상 경기는 정신 자세와 속도를 내는 기술만 있으면 된다.

스타트해서 짧은 시간에 자기 레인 안에서 힘껏 달리기만 하면 된다. 다른 요소는 사실상 필요 없다고 봐도 된다.

3. 수영, 승마, 사이클 등 경기 요소

단거리와 달리 페이스 조절이 필요하다. 왜냐하면 무턱대고 처음부터 죽을 둥 살 둥 달려서는 안 된다. 조절이 필요하다.

지금까지 우리나라에서 윈드서핑 훈련을 해 온 것과 같이 스피드 위주로 올림픽을 준비해서는 안 된다. 위에 있는 윈드서핑의 7개 경기 요소 규칙과 스피드, 정신적 충실, 전술, 크루워크, 장비 준비 전략을 종합적으로 다 갖추어야 한다.

| 페이스 조절 | 스피드 | 정신적 충실 |

육상 경기의 중장거리 경주, 수영, 승마, 사이클의 경기요소

조급하게 올림픽 입상을 기다릴 게 아니라 장기적으로 긴 안목에서 윈드서핑이 매직 서클에 진입할 수 있도록 이제 모든 것을 개선해 가야 할 것이다.

"Magic circle"에 진입하려면

첫째, 현재의 윈드서핑 풍토를 바꿔 가야 할 것이다.

시합과 경기라는 두 단어가 있다. 비슷해 보이지만 스포츠 이론에서는 차이가 있다. 일정한 규칙(rule)을 정해 놓고 경쟁하여 우승을 가린다는 면에서는 비슷해 보이지만 시합은 규칙보다 우승에 더 중점을 둔다. 그러나 경기는 서로가 규칙을 존중하고 규칙 내에서 우승하려는 것으로, 비록 경기에 지더라도 규칙을 존중하고 규칙을 지키려고 하는 것이다.

우리나라 윈드서핑 경기하는 것을 보면
의무정은 권리정을 잘 피하지 아니한다. 경기 중에 약간 충돌이 있어도 서로 그냥 넘어가기 마련이다. 심지어 의무정에 받쳐서 권리정이 넘어져 우승의 기회를 놓쳐도 항의를 하지 않기도 한다. 선수들 간에 조금이라도 접촉 사고가 일어나면 누가 가해자이고 피해자인지 엄격하게 따져 봐야 한다. 그냥 넘어가서는 안 된다.

우리나라 윈드서핑 경기에서는

스타트하여 결승점까지 먼저 도달하기만 하면 대개 1등이 되는 경우가 많다. 그 과정은 별로 중요시 하지 않는 것이 문제이다. 이것은 경기라기보다 시합에 가깝다고 볼 수 있다. 이제 우리도 경기 규칙을 존중하고 국제 표준에 접근하도록 우리의 요트 풍토를 개선해 나가야 하는 것이 우선 과제이다.

둘째, 요트국제심판 양성이 시급하다

국제 전문가들을 많이 탄생시켜 이들 국제 전문가들이 말하는

전문가적 시각을 존중하는 분위기가 조성 되어야 한다.

국제 전문가에는 국제심판, 경기 운영, 계측 등 여러 분야가 있고 자격증 제도를 실시하고 있다. 그중에서도 국제 심판이 가장 긴요하다. 왜냐하면 국제 표준이 무엇인지 알고 그 길을 가장 잘 인도할 수 있기 때문이다.

국제심판, 경기 운영, 계측 등 각종 국제자격증을 딸 수 있는 국제 세미나를 자주 개최하여
기회를 만들어 주어야 한다.

국제 심판이 되기 위해서는 국제 심판 강습에 참가를 하고
시험에 응시하여 합격해야 한다. 또 국제 경기에 심판을 해 본 경험이 있어야 자격증을 따는 데 유리하다. 이제 우리 요트인 모두가 그 중요성을 인식하고 합심하여 지원해 주지 않으면 국제심판이 나오기 힘들다는 것을 인지해야 한다. 지난 40여 년 동안 우리나라에서도 국제심판 자격 연수를 실시한 적이 몇 번 있었다.
2005년 2월22일 부터 24일까지 서울에서 열린 적이 있다. 그때 Pat Healy라는 강사의 아내가 한국인이어서 그런지 아주 열심히 해 주었다. 또한 2023년 10월 10일부터 12일까지 또 서울에서 열린다. 세미나 마지막 날 시험이 있는데 합격하면 일단 첫 자격은 갖추게 된다.

수강 인원은 대략 25명 정도로 제한했는데 그때마다 국내에서 수강 인원을 25명 채우기가 만만치 않았고 인근 동남아 국가 요트인들에게 기회가 주어지고 있다 참가비는 대략 US $200 정도 하는데 한국인 참여 독려를 위해 본인이 2005년 세미나 때 한국인 참가비를 부담한적이 있다. 2023년도에도 10월 10일부터 12일까지 이번에는 통역 없이 강의를 진행 한다고 하는데 한국인 수강자에 대한 수강료를 기꺼이 부담해주고 싶다.

자격 시험만 합격한다고 해서 자격증이 나오는 것이 아니고 국제 경기에서 심판을 해 본 경험도 있어야 한다.

2002년 부산아시안게임과 2014년 인천아시안게임이 있었는데
국제 심판이 되고자 하는 사람에게는 참 좋은 기회였다. 경기 심판단을 구성하면서 국내 요트인을 몇 사람 넣어 함께 구성하기 때문이다. 이런 기회가 있을 때

에는 국제 심판 자격을 얻어 보려는 의지가 있는 사람들을 여기에 합류해 주어
야 한다.

그러나 이 귀한 기회를 국제 심판 양성에 이용하지 못하고 국제 심판에 관심이 그
렇게 많지 않은 사람들에게 국제 심판단에 합류하여 한번 경험해 보는 그런 기회
로 끝내고 말았다.

셋째, 긴 안목으로 자신감과 자존심을 가져야 한다

국제 심판을 양성하여 대한민국에서도 긴 안목으로 요트 풍토를 국제 표준으로
바꿔 간다면, 시간이 걸리더라도 우리나라 요트 수준이 한층 더 발전할 것이라는
자신감과 자존심을 가져야 한다.

"국가대표 선수" 선발의 혼돈

Olympic에 출전시키는 국가대표 선수를
아무렇게나 선발하여 보내서는 안 된다. Pre-Olympic에 나간 선수가 Olympic에
도 나가도록 하여야 한다.

Olympic은 4년마다 열리지만 경기 방식은
그때마다 약간씩은 달라질 수 있다. 그래서 Olympic 1년 전에 Pre-Olympic을
연다. 경기장 구경도 미리 한번 해보고 이번 Olympic 경기를 어떻게 할 것인지
알려 주는 예행 연습을 해 보는 그런 경기이다. 그래서 Pre-Olympic에 출전하

옥덕필 선수

이태훈 선수

조원우 선수

Olympic 출전 국가대표 선수들

여 예행 연습을 하고 준비된 선수가 Olympic에 출전하도록 해야 할 것이다. 전 세계가 다 그렇게 한다.

그러나 우리나라는 Pre-Olympic에 나가는
선수와 Olympic 나가는 선수를 별도로 생각하고 있다. 이렇게 해서는 안 된다. Pre-Olympic에 나가는 선수 다르고 Olympic 나가는 선수 달라서는 안 된다. 같아야 한다. 우리나라와 같이 다르게 나가는 나라는 세계적으로도 드물다.

2016 브라질 Olympic의 Pre-Olympic에는
조원우 선수가 나갔지만 본 Olympic에는 이태훈 선수가 나갔다.
또 2020 Tokyo Olympic의 Pre-Olympic에는 이태훈 선수가 출전했지만 Olympic 본선에는 조원우 선수가 나갔다. 국제적 웃음거리인지도 모른다.

이런 식으로는 우리가 Olympic에서 medal을 기대하기 어려울 것이다.

40년 무명가수의 "눈물"!

무명가수의 "눈물"을 아는가?
그것도 40년 동안이나 아직 한 번도 입상을 해보지 못한 무명가수의 그 "눈물"을?

Olympic에는 "Olympic 출전권"을 따야만 출전할 수 있다.

그래서 어떤 스포츠 종목이 Olympic에 출전한다는 것은 큰 '영광'이다. 만약

Olympic에 연속으로 출전을 하게 되면 Olympic에 연속 출전하게 되었다면서 더 큰 영광으로 여긴다. 야구, 축구, 레슬링, 권투 등의 종목이 Olympic에 많이 출전해 왔지만 두세 번 출전을 하다가 출전권을 못 따 더 이상 참가하지 못하게 되는 경우가 대부분이다.

그런데 우리나라에는 연속에 연속으로 출전하는 종목이 2개 있다.
Olympic에서 처음 시작하는 첫 대회 때부터 참가하기 시작하여 지금까지 한 번도 빠짐없이 계속 출전을 해 가는 종목이 우리 대한민국에 2개 종목이나 있는 것이다. 그것은 태권도와 윈드서핑이다. 태권도는 Olympic에서 처음 채택되었을 때부터 지금까지 한 번도 빠짐없이 출전권을 따서 참가하고 있다. 윈드서핑도 태권도와 마찬가지로 첫 대회 때부터 40년이 넘는 긴 세월 동안 Olympic에 출전을 계속 해 가고 있는 종목이다.

그런데 태권도는 우리나라가 주종국이다.
세계태권도총연맹이 우리나라에 있고 Olympic 태권도 경기 규정을 우리나라에서 주무른다. 예선 경기도 주로 우리나라에서 치른다. 우리나라에서 태권도는 Olympic 출전권 따기는 쉬운 편이다.

그러나 윈드서핑은 태권도와 다르다.
Olympic 출전권 따기가 무척 어렵다. Olympic 때마다 출전권 따느냐 못 따느냐 숨 가쁜 고비를 넘기며 겨우 겨우 출전권을 따서 Olympic에 출전 시켜 온 것이다.
Olympic 때마다 출전권 따는 기회는 대개 3번 정도 주어지는데 첫번째 예선전에서 출전권을 딴 적은 별로 없고 언제나 마지막으로 주어지는 패자부활전에서 겨우 겨우 출전권을 따 Olympic에 참가 해 왔다.

이렇게 제일 마지막 기회에 출전권을 따왔다지만
마지막 기회에서 아직 한 번도 실패를 하지 않았다. 윈드서핑은 40여 년 동안 한
번도 빠짐없이 Olympic에 출전을 해온 것이다.

그런데 2020 Tokyo Olympic에는 출전을 하지 못할 뻔했다.
지금까지는 Olympic 때마다 티켓이 대개 40개 정도였다. 그런데 이번 Tokyo
Olympic은 25개로 티켓이 반으로 확 줄었다. 출전권 따는 기회도 통상 3번 정도
주어졌는데 Tokyo는 2번으로 끝나게 되어 있었다. 가까운 Tokyo Olympic인데
행여나 못 따면 어쩌나 걱정이 태산 같았다. 만약 못 따면 40여 년간 지켜온 윈드
서핑 금자탑이 여기서 무너지고 마는 것이다. 그런데도 하늘이 도왔는지 숨 가쁜
고비를 넘기면서 용하게 Olympic 출전권을 따게 되었다.

한국에서 윈드서핑 인구도 적고
또 비인기 스포츠 종목인 윈드서핑이 반백년 동안 아직 한 번도 실패 없이
Olympic에 계속 참가 해왔다는 것은 사실상 "기적"이다. 세계적으로도 드문 현상
이다.

그러나 그 뒤에는 "슬픈 사연" 이
숨어 있다. Olympic 때마다 어렵게 티켓을 따서 Olympic 무대까지는 계속 올라
갔지만 아직 한 번도 '입상'이라는 것을 못해 본 것이다. 하지만 그동안 남모르게
눈물을 흘리면서 Olympic에만은 출전을 계속 해 온 것이다.

윈드서핑으로서는 그 오랜 출전 기간은 길고도 긴 고통의 세월이었다.

그것은 마치 가수의 "긴 무명가수의 시절"에 비유하고 있다.
가수가 되기를 지망하면서 가수 선발 무대에 올라가 열심히 노래를 불러왔다. 그러나 40년이라는 기나긴 세월 동안 무대에 올라가 노래를 불러왔지만 아직 한 번도 가수로서 입상을 못해 본 것이다. 입상만 기다려 온 "무명 가수"의 그런 눈물 같은 것이다. 윈드서핑의 무명가수 기간이 너무 길어 그래서 슬퍼하고 있는 것이다. 우리나라 국민들은 이 "슬픈 사연"을 잘 모른다.

그러나 Olympic에서 만약 윈드서핑이 메달이라도
따 입상을 하게 되는 날이 온다면 그때는 다른 종목이 금메달 따는 것과는 다를 것이다. 신문이나 방송에서 윈드서핑이 그 동안 Olympic에 빠짐없이 출전시켜 오기까지의 남모르는 그 "고난의 세월"을 크게 보도할 것이다. 그때서야 온 국민이 모든 것을 알고 '함성'이 터질 것이다.

국민의 함성이 터지게 되면
윈드서핑 국가대표 선수들은 비행기를 타고 옛날 제주도에 있었던 Olympic 훈련장으로 달려갈 것이다.
거기에는 'Olympic 입상'만을 기다리다 저 세상으로 먼저 간 옛 Olympic 출전 선수 무덤이 있기 때문이다. 무덤에 누워있는 윈드서핑 "영혼"들에게 우리 대한민국 윈드서핑이 Olympic에서 드디어 입상을 한번 하였고 그래서 우리 국민의 이 함성이 터지고 있다는 소식을 전해주면서 영혼을 위로할 것이다.

"영혼"이 잠든 "제주 훈련장"

옛 윈드서핑 훈련장 모습

옛날 위치의 현재 모습

제주도 성산포에 Olympic 선수 훈련장이 있었다. 그곳에는 40년 무명가수의 "눈물"이 고여 있었다.

제주도 성산에 "윈드서핑 훈련장"이
하나 있었다. Olympic에 출전하는 국가대표 선수들이 훈련하던 곳이다. 이 훈련장은 대한민국의 윈드서핑이 그동안 Olympic을 향한 "꿈과 한恨"이 맺혀 있는 곳이었다.

우리나라 윈드서핑의 자존심은 대단했다.
Olympic은 그냥 출전하는 것이 아니다. 예선전에서 출전권 티켓을 따야만 참가할 수 있다. 윈드서핑은 예선전에서 한 번도 실패없이 티켓을 따서 Olympic 출전해 온 우리나라의 유일한 종목이다. 물론 태권도도 있다. 그러나 태권도와는 근본적으로 다르다.

국가대표 선수들이 Olympic 입상의
꿈을 안고 눈물 흘리며 이곳에서 훈련을 하여 왔으나 40년 긴 세월 동안 아직 한 번도 입상을 해보지 못한 '무명가수의 슬픈 한' 같은 것이 이곳 훈련장에 묻혀 있는 것이다.

1992년 바르셀로나 Olympic에
출전한 서용근 선수가 2007년에 운명하였을 때 운구차를 이 훈련장 앞에서 세우고 "노재"를 지냈다. 그때 선수들은 "고별사"에서 그렇게도 기다리던 Olympic 입상을 보지도 못한 채 떠나가시는 걸 한탄했다. 남은 선수들이 기어코 입상을 하여 임의 영혼을 위로할 것이라고 맹세를 하였던 곳이다.

1982년 한국은 1988 Seoul Olympic
유치에 성공했다. Olympic 유치 성공은 대한민국의 엄청 큰 영광이었다. Olympic을 유치하고 나서 보니까 1984 Los Angeles Olympic이 다가왔다. 정부에서는 모든 종목에 대하여 무조건 LA Olympic에 참가를 요청하였다. 그러나 요트 종목은 참가할 수가 없었다. 출전권이 없었기 때문이다. 그런데 하필 윈드서핑만은 처음으로 개최하여 출전권 없어도 open으로 참가할 수 있다고 하였다.

그래서 우리나라 윈드서핑은 처음으로
1984년 첫 Olympic에 참가를 하였다. 뚝섬에 살고 있던 조진섭 선수가 참가했다. 그 다음 Olympic은 1988 Seoul Olympic이었다. 그때는 한국이 Olympic 주최국이기 때문에 출전권 티켓 없이도 참가가 가능하였다. 이한림 선수가 참가했다. 이로서 윈드서핑은 연속 두 번이라는 Olympic 연속 출전 기록을 세웠다.

그다음 Olympic은 1992년 스페인 바르셀로나
였다. 이제부터는 티켓이 있어야만 했다. 출전권 티켓이 문제였다. 1991년 미국 샌프란시스코에서 출전권을 따는 예선전이 열렸다. 서용근 선수가 출전하였다. 거기서 용케도 출전권을 따 왔다.

우리나라 윈드서핑은 Olympic 연속 3회 출전

초창기 한국의 윈드서핑 1급 지도자들. 이분들이 우리나라 윈드서핑을 오늘까지 실질적으로 이끌어 왔다.

이라는 기록을 세웠다. 연속 3회 출전을 하고 나서 보니까 뭔가 남모르는 자존심이 생겼다. 이제 선수들이 바다에서 마음 놓고 훈련할 수 있는 그런 제대로 된 '훈련장'이 하나 있어야 할 필요성을 느꼈다. 윈드서핑의 Olympic 훈련장 설립에 많은 공감이 갔다.

초창기 당시 윈드서핑 관계 협회는
3개의 협회가 있었다. 한국보드세일링협회가 있었고 생활체육윈드서핑협회가 있었고 또 사단법인 대한윈드서핑협회라는 것이 있었다. 한국보드세일링협회와 생활체육협회는 국가의 체육협회였다. 반면 대한윈드서핑협회는 당시 (주)쌍방울이 주체가 된 임의단체로 사단법인 형태였다.

사단법인 대한윈드서핑협회(대표 배길진)는
두 협회의 상위 단체적인 역할을 하고 있었다. 사단법인 협회가 주체가 되어 회원들의 성금을 모아 제주 성산포에 훈련장을 마련하였다. 윈드서핑의 Olympic 훈련장이라고 하였다. 훈련장은 Olympic 출전 선수들이 주로 사용하였지만 간혹 육지에서 내려온 동호인들도 와서 묵기도 하였다. 그래서 윈드서핑의 "사랑방" 역할을 하기도 하였다. 위의 사진은 제주훈련장 모습이다.

그런데 세월이 지나면서 문제가 생겼다.
2007년 이 지역이 제주도의 해양레저지역으로 지정되고 개발이 되기 시작하면서 철거해야 할 운명이 된 것이다. 어느 날 보광이라는 회사가 제주법원에 강제철거명령신청을 하여 훈련장을 철거한다는 제주지방법원의 "붉은 딱지"가 붙었다. 붉은 딱지는 이 훈련장을 강제 철거한다는 기가 막히는 딱지였다. 문제가 생겨 자세히 보니까 훈련장은 땅을 매입하여 지은 훈련장이 아니었다. 땅은 국유지였다. 제주도와 임차계약을 하여 그냥 사용해 온 것이다. 긴 세월 동안 관리하는 사람도 여러 번 바뀌었고 또 그동안 임대료를 제주도에 내다 말다 하였다.

하지만 어쨌든 간에 30여 년 동안
훈련장으로 사용해 온 연고권은 있다. 더구나 그것도 개인이 아니고 Olympic에 나가는 국가대표 선수들의 훈련장이다. 다른 곳에 훈련장이라도 하나 마련해주면 몰라도 그냥 빈손으로 철거만 한다는 것은 도저히 받아 줄 수 없는 상황이었다.

붉은 딱지 붙었으니 빨리 소송을
해보는 길밖에 다른 도리가 없었다. 당시 윈드서핑 3개 협회가 같이 힘을 모아 우선 비상대책위원회를 구성하여 소송을 시작하기로 하였다.

30년 동안 사용해 온 연고권이 있고
또 우리가 현재 점유하고 있기 때문에 뭔가 가능성이 보였다. 우선 철거할 수 없다고 소송을 내기로 하였다. 만약 철거가 불가피할 경우 다른 곳에 훈련장을 하나 만들어 줄 것을 요구하기로 하였다.

우선 강제철거 중지신청을
제주법원에 접수시켰다. 법원에서는 공탁금 5백만 원을 공탁하라고 하였다. 당시 협회가 3개나 있었지만 당장 5백만 원을 마련해야 하는데 쉽지 않았다. 풍우회를 중심으로 개인 자금을 모아 간신히 소장을 접수시켰다.

제주훈련장 비상대책 위원회

성 명	연 락 처	직 함
김기윤	011-669-5547	제주 한림대 교수
김명환	010-5882-0505	전대한협회 사무국장
김병원	016-571-5866	거제시 협회장
김수철	011-694-7871	생활체육 부회장
김철진	011-648-8688	한국협회 사무국장
박진우	011-6661-9385	ISAF committee
박 진	010-2887-9797	변호사
신지현	011-255-2675	서울협회 고문
양덕중	011-9948-0850	제주훈련장 관리소장
엄용대	011-9939-2825	전 프로협회 회장
오연수	011-9000-1999	국제건설 회장
오용덕	018-8690-0070	제주협회장
윤종환	011-854-3587	풍우회 회장
이영태	011-292-3588	경원대 대학원장
이정우	017-581-2582	울산협회 부회장
이철상	011-852-7700	부산협회 고문
이한림	010-4843-0664	전국가대표 코치
정상대	011-2037-9911	한국협회 회장
최강열	011-9992-8807	한국협회 부회장
최희락	011-210-9008	서울협회 고문

우리는 30년 동안 사용해 온 연고권을 주장하였다. 재판 과정에서 흐느낌도 있었다. 안두옥 씨는 재판장으로부터 경고를 받기도 하였다. 불행하게도 제주 법원은 우리의 주장을 받아 주지 않았고 결국 패소하였다. 이의가 있으면 항소를 하라고 하였다. 항소 조건으로 4천만 원의 공탁금을 공탁하도록 하였다.

이제 급히 4천만 원의 공탁금을
마련하여 항소를 해야 할 그런 입장이 되었다. 당시 윈드서핑 3개 단체가 분열되어 있었으므로 공탁금을 마련할 길이 없었다. 공탁금이 없어 항소를 할 수 없는 그런 상황이 되어 갔다. 결국 4천만 원을 마련할 수 없어 항소를 하지 못했다. 항소 기일 2주일이 지나자 패소가 확정되고 말았다.

패소가 확정되는 그 다음날 바로
중장비들이 훈련장에 닥쳤다. "포크레인" 소리가 요란하게 들리고 있었다. 포크레인으로 훈련장을 부수고 있었다. Olympic의 꿈과 한이 담긴 대한민국 "윈드서핑 제주훈련장"이 흔적도 없이 이 세상에서 사라져 가고 있었다.

그 후 제주도 도청에 새로운 훈련장을
따로 하나 마련해 달라고 요청하자는 의견이 많이 있었다. 그러나 윈드서퍼들이 분열된 상태에서 그 목소리는 시간이 갈수록 점점 작아져 갔다. 끝내 그 소리마저 사라져 버리고 더 들리지 않았다.

그때 '운구차'를 이곳 훈련장까지 끌고 와
고인 앞에서 남은 사람들이 기어코 Olympic 메달을 따서 임의 영혼을 위로하겠다는 그 맹세를 했던 곳이다. 입상을 하여 영혼이나마 달래 주려고 했는데 이제 훈련장 자체가 흔적 없이 사라지니 아쉬워하였다.

재판부에 개별적으로 제출된 탄원서도
여러 개 있었다. 88 Olympic 국가대표로 출전한 바 있는 이한림 선수와 제주협회 장이었던 김기윤 교수도 탄원서를 재판부에 제출한 바 있다.
내용은 http://blog.daum.net/kwsa8688/157544 에서 볼 수 있다.

본 판결문은 판결서 인터넷열람 사이트에서 열람·출력되었습니다.
영리목적으로 이용하거나 무단 배포를 금합니다.게시일자 : 2015-03-24

제 주 지 방 법 원

판 결

사 건   2006가단32599 건물철거 및 토지인도

원 고   주식회사 보광제주

피 고   사단법인 대한윈드서핑협회

변 론 종 결   2007. 5. 9.

판 결 선 고   2007. 5. 23.

주 문

1. 피고는 원고에게 서귀포시 성산읍 고성리 127-2 임야 157,971㎡ 중 별지 도면 표시
㉮, ㉠, ㉡, ㉢, ㉣, ㉤, ㉥, ㉦, ㉧, ㉨, ㉩, ㉪, ㉫, ㉬, ㉭, ㉮의 각 점을 순차로 연결
한 선내 (나) 부분 지상 벽돌 및 브러조 스레트 지붕 건물 440㎡를 철거하고, 같은
도면 표시 ㄱ, ㄴ, ㄷ, ㄹ, ㄱ의 각 점을 순차로 연결한 선내 (가) 부분 1,028㎡를 인
도하라.

2. 소송비용은 피고가 부담한다.

3. 제1항은 가집행할 수 있다.

청 구 취 지

주문과 같다.

- 1 -

본 콘텐츠는 한글과 컴퓨터의 사이트에서 열람 출력되었습니다.
영리목적으로 이용하거나 무단 배포를 금합니다. 게시일자 : 2015-03-24

본 콘텐츠는 한글과 컴퓨터의 사이트에서 열람 출력되었습니다.
영리목적으로 이용하거나 무단 배포를 금합니다. 게시일자 : 2015-03-24

이 유

1. 기초사실

가. 피고는 1987년경 당시 서귀포시 성산을 고성리 127-2 임야 157,971㎡의 소유자이던 남제주군(남제주군은 제주도 행정체제 등에 관한 특별법이 2006. 7. 1.자로 시행됨에 따라 폐지되었고, 위 법에 따라 남제주군의 사무, 재산이 제주특별자치도에 포괄승계되었다)으로부터 위 고성리 172-2 임야 157,971㎡ 중 별지 도면 표시 ㄱ, ㄴ, ㄷ, ㄹ, ㄱ의 각 점을 순차로 연결한 선내 (가) 부분 1,028㎡(이하 '이 사건 건물 부지'라 한다)를 임차하였고(남제주군과 사이에 체결된 계약 명칭은 대부계약이나, 그 실질은 민사상 임대차계약이라 할 것이다), 1987. 12. 26. 무렵 이 사건 건물 부지 중 별지 도면 표시 ⓐ, ⓑ, ⓒ, ⓓ, ⓔ, ⓕ, ⓖ, ⓗ, ⓘ, ⓐ의 각 점을 순차로 연결한 선내 (나) 부분 지상에 벽돌 및 브럭조 스레트 지붕 건물 440㎡(이하 '이 사건 건물'이라 한다)을 축조하여, 피고 희원들의 핸드볼링 훈련장 및 창고 보관시설로 사용하고 있다.

나. 원고는 2006. 8. 30. 소유자인 제주특별자치도로부터 위 서귀포시 성산을 고성리 127-2 임야 157,971㎡를 매수하여 제주지방법원 서귀포등기소 2006. 9. 25. 접수 제39274호로 그 소유권이전등기를 경료하였다.

다. 한편, 피고와 남제주군 사이의 이 사건 건물부지에 관한 임대차계약은 계속 갱신되어, 2006. 2월경 그 기간을 2006. 1. 1.부터 2006. 12. 31.까지로 정한 대부계약(을 제2호증)이 체결되었다.

【인정근거】 입부 다툼없는 사실, 갑 제1호증의 1, 2, 갑 제2, 3, 5호증, 을 제1 내지 4호증의 각 기재, 갑 제4호증의 1 내지 4의 각 영상, 변론 전체의 취지

2. 주장 및 판단

가. 원고의 청구원인에 대한 판단

위 인정사실에 의하면, 원고는 이 사건 건물 부지의 소유자이고, 피고는 이 사건 건물을 축조하여 소유하고 있으므로서 그 건물 부지를 점유하고 있으므로, 피고는 특별한 사정이 없는 한, 이 사건 건물 부지의 소유자인 원고에게 위 건물을 철거하고, 이 사건 건물 부지를 인도할 의무가 있다.

나. 피고의 주장에 대한 판단

(1) 주장

피고는 남제주군과의 이 사건 건물 부지에 관한 대부계약이 기간 만료로 종료되었고, 그 대부계약은 성립상 건물의 소유를 목적으로 한 토지 임대차이므로, 이 사건 건물부지를 임차하여 그 지상에 이 사건 건물을 축조하여 소유하고 있는 임차인인 피고는 원고에 대하여 건물매수청구권을 행사할 수 있는바, 원고가 피고에 대하여 이 사건 건물에 대한 상당한 가격을 지급할 때까지 피고는 이 사건 건물 부지를 점유할 권리를 가지므로, 원고의 피고에 대한 위 건물 부지 인도 및 건물 철거 청구는 기각되어야 한다고 주장한다.

(2) 판단

(가) 건물 기타 공작물을 소유하기 위한 목적으로 한 토지임대차의 기간이 만료한 경우 건물 지상시설이 현존하는 때에는, 임차인은 임대인에게 그 지상시설을 매수할 것을 청구할 수 있다(민법 제643조, 제283조 제2항).

(나) 위 경우 임차인이 그 지상시설의 매수를 청구할 수 있는 상대방은 특별한 사정이 없는 한 원래의 임대인이고, 만일 토지 소유자가 임대토지를 제3에게 양도한 때에는, 임차인이 그 지상건물에 관한 소유권보존등기를 경료하여 임차권에 대항력이

발생하는 경우 신소유자에게 그 임대차를 주장할 수 있는 경우(민법 제622조 제1항)이거나, 대항력없더라도 합의되어 임차인이 신소유자 사이에 묵시적으로 임대차관계가 성립되는 것으로 인정되는 경우에 한하여, 임차인은 신소유자에 대하여 건물매수청구권을 행사할 수 있다(대법원 1997. 12. 23. 선고 97다37753 판결 참조).

(다) 이 사건에 관하여 살피건대, 이 사건 건물이 가설건축물로서 등기되지 아니한 건물인지 여부에 대하여는 당사자 사이에 다툼이 있고, 피고가 남제주군으로부터 이 사건 건물 부지를 임차한 이후 그 지상에 이 사건 건물을 축조한 사실 및 원고가 2006. 8. 30. 남제주군의 이 사건 건물 부지에 관한 권리를 포함승계한 제주특별자치도로부터 위 건물 부지를 포함한 서귀포시 성산읍 고성리 127-2 임야 157,971㎡에 관하여 제주지방법원 서귀포등기소 2006. 9. 25. 접수 제39274호로 그 소유권이전등기를 경료한 각 앞서 살펴본 바와 같으나, 이 사건 건물부지를 매수하면서 그 소유권이전등기를 경료한 원고가 피고와 이 사건 건물부지 인도 및 건물 철거를 구하는 이 사건 소송을 제기한 사실은 기록상 명백하므로, 그로써 원고가 피고에 대하여 명시적으로 이 사건 건물부지의 임대차계약 체결을 거절하는 의사를 표시한 것일 뿐만 아니라, 결국 임차인인 피고는 ① 이 사건 건물부지에 관한 대항력을 가진 것도 아니고, ② 피고와 건물 부지의 신소유자인 원고 사이에 묵시적 임대차관계가 성립되었다고도 볼 수 없어 원고에게 이 사건 건물에 관한 건물매수청구권을 행사할 수 있다고 할 것인바, 피고가 주장하는 건물매수청구권 발생여건에 관한 여러 주장에 관하여는 더 나아가 살펴볼 필요없이 피고의 위 주장은 이유없다.

더구나, 피고와 남제주군 사이의 이 사건 건물부지에 관한 대부계약(을 제2호증)의 내용을 살펴보면, 피고는 남제주군에 대하여 위 건물부지의 사용·수익과 관련하여 유지

비 또는 필요비의 상환청구권 등 일체의 청구를 하지 아니할 것으로 약정하였는데(제6조), 그 약정 내용에는 임차인의 건물매수청구권도 포함된 것으로 보이고(제14조), 을 제3호증의 기재, 위 법원의 서귀포시장에 대한 사실조회 결과에 변론 전체의 취지를 보태어 인정할 수 있는 다음과 같은 사정, 즉 ① 이 사건 건물 부지는 원래 자연녹지지역으로서 건축물을 건축할 수 없으나, 이 사건 건물의 경우에는 가설건축물로서 임시 존치되고 있을 뿐인 허가되었던 사실, ② 피고가 2000년부터 2006년경까지 7년동안 남부 국유재산 대부료는 합계 7,030,540원에 불과하여 그 임대료가 결코 다액이라고 볼 수 없는 점 등에 비추어 보면, 피고의 건물매수청구권 행사를 제한하는 남제주군과의 위 대부계약 당시 임차인에게 현저하게 불리한 것이라고 볼 수도 없어, 그와 같은 점에 있어서도 피고의 건물매수청구권 행사 주장은 이유없다.

3. 결론

따라서, 원고의 피고에 대한 이 사건 청구는 이유있어 이를 인용하기로 하여, 주문과 같이 판결한다.

판사 정진아 _____

풍우회 **"모금 운동"**

밤을 세우며 "Olympic 모금" 회의를 하고 있는 "풍우회" 회원들

풍우회 창립

한국 윈드서핑이 40여 년 동안

Olympic에 한 번도 빠짐없이 출전을 하기까지에는 그 뒤에서 큰 힘이 되어준 "풍우회"가 있었다.

풍우회는 윈드서핑 원로들의

친목 모임이다. 지역에서 협회 회장을 하셨거나 한국의 윈드서핑 발전을 위해 평생을 바쳐 온 분 들이었다.

90년대부터 원로들 모임을 한번 만들어 보자는 이야기를 서로 하고 있었다. 서울에서 배길진, 최희락, 정연선, 신지현, 이영태, 정상대, 정운용, 부산협회를 창설한 최한수 그리고 거제협회를 창설한 윤종환 님이었다.

초대 회장으로 한국 윈드서핑 발전에

지대한 공헌을 하신 이종환 님을 모시기로 하고 총무에 정상대가 맡아 창립을 추진하기로 하였다. 당시 이종환 회장은 MBC DJ를 하고 있었는데 인기가 좋았다. 창립총회를 해야 하는데 이종환은 자꾸 미루었다. 2000년에 들어와서까지도 창립을 못했는데 그동안 창립에 적극적이던 정연선 씨는 사망하고 정상대는 한국윈드서핑협회 회장을 하게 되었다.

기다리다 못해 이종환 씨를

회장에서 배제하기로 하고 창립하기로 하였다 초대 회장에 배길진, 총무에 신지현으로 출발했다. 같이 창립을 하자든 정운용, 최한수는 참여하지 않았다. 현재는 회장 윤종환, 총무 이영태가 맡고 있다. 회원은 박상준, 신지현, 윤종환, 이건우, 이영태, 이정웅, 이철상, 이한기, 정상대, 최희락으로 총 열 분이다.

한국의 윈드서핑 역사는

풍우회와 함께 해왔다 해도 과언이 아니다. 풍우회 창립을 주도한 배길진 님이 대한윈드서핑협회 회장으로 있을 때 제주훈련장 건립을 주도하기도 하였다.

Olympic에 출전하였던 서용근 선수가 운명했을 때 풍우회는 제주훈련장에서 "노재"를 지내기도 하였다. 세월이 흘러 제주훈련장이 소송에 휘말려 철거 위기를 맞았다. 풍우회에서 예치금 5,000,000원을 마련하여 제주법원에 소송을 제기하기도 하였다.

40년 만의 "불가능"

그동안 Olympic 출전권을
따기 위해 국가대표 선수들을 Olympic 예선전에 보내면서 풍우회는 같이 울기도 웃기도 하며 긴 세월을 보내왔다. 그동안 출전권을 쉽게 딸 수 있던 Olympic도 있었지만, 대부분의 Olympic에서 우리 한국은 마지막 순위로 숨 가쁘게 겨우 겨우 출전 티켓을 따 왔다.

그런데 드디어 이번에는
도저히 출전권을 딸 수 없는 불가능한 Olympic이 왔다. 바로 옆 일본에서 열리는 Tokyo Olympic이다. 그동안 그래도 그럭저럭 출전권을 다 따 왔는데 이번에는 가능성이 전혀 없어 보였다. 지금까지는 Olympic 출전 국가 수를 대개 40개에서 50개 국가로 해왔다. 그런데 이번 Tokyo는 어떻게 된 영문인지 반으로 대폭 줄여 25개만으로 한다는 것이다.

우리나라는 지금까지 대개
하순위로 출전권을 따왔기 때문에 만약 국가 수를 축소하게 되면 우리나라는 치명적으로 불리하게 된다. 25개만으로 한다면 우리나라는 사실상 불가능 하다.

드디어 Tokyo Olympic 예선전이 열리게 되었다. 2018년 8월에 열린 덴마크 오르후스 경기였다. 이태훈, 조원우 두 선수가 꿈을 안고 예선전에 갔었다. 그때 이태훈 선수는 컨디션이 참 좋았다. 조금만 더 잘했으면 딸 뻔도 했다. 그러나 결국 Olympic 티켓을 따는 데 실패를 했다. 참으로 아쉬웠다.

"출전 예선전" 탈락

이번 예선전에서 우리는

탈락이 되었다. 그러나 우리나라가 완전히 다 끝난 것은 아니었다. 우리에게는 아직 한 번의 기회가 남아 있었다. 그 이듬해인 2019년 이태리에서 개최되는 Tobore 경기이다. 이때 우리는 무조건 출전권을 따야 한다. 만약 이때 못 따면 그때는 완전히 끝나는 것이다. 40년 동안 쌓아온 "공든 탑"이 무너지고 만다.

"모금 운동" 시 동호인들이 과연 얼마나 "호응"을 해 줄지 예측이 어려웠다.

그런데 당시 Olympic
예선전에는 많은 선수가 출전하는 것이 허용이 되었다. 국가마다 여러 명의 선수들을 많이 출전시켰다. 프랑스와 네덜란드는 4명, 이스라엘 5명, 스페인과 이태리는 무려 7명이나 많이 출전시켰다. 이렇게 많이 출전시킨 국가들은 유리하여 출전권을 모두 다 땄다.

내년 이태리 경기가
우리에게 마지막 운명적 기회이지만 선수는 아마도 2명만 보낼 것 같았다. 그런데 만약 2명을 더 보내 4명을 보낸다면 아무래도 더 유리할 것만 같았다. 만약 4명을 보내기만 하면 출전권은 거의 확실하게 딸 수 있을 것이라는 분석도 나왔다.

어떻게 하든 간에 이번에는
꼭 4명을 보내야만 하는 그런 처지가 되었다. 그런데 문제는 경비였다. 풍우회에서 경비를 부담하면서 2명을 더 보내 달라고 하면 문제는 없었다. 그런데 풍우회 회원들도 다 직장에서 은퇴를 하였고 마음만 있을 뿐 2명을 더 보낼 만큼 경비를 지원할 재정적 여력은 없는 상황이었다. 그래서 생각한 것이 전국 동호인으로부터 모금을 하면 어떻겠느냐는 것이었다.

모금 운동

풍우회는 모금 운동에 관한
회의를 시작하였다. 그런데 전국의 동호인이 과연 얼마나 호응을 해줄 것인지 예측할 수가 없었다. 모금 운동을 하자는 말 자체를 꺼내기가 좀 어려울 것 같은 느낌이었다. 모금이라는 말을 꺼내려고 한다면 풍우회에서 최소한 반 정도는 먼저 내겠다는 그런 말부터 해야만 할 것 같았다. 맹탕으로 모금을 하자고 한다면 "웃음"만 살 것 같은 느낌이 들었다.

밤새도록 논의를 해 봐도
모금에 관한 안은 제자리에서 뱅글뱅글 돌았다. 결국 풍우회에서 반은 내겠다고 말을 먼저 하면서 모금을 시작하기로 결정을 하였다. 동호인들에게 부담이 되지 않도록 일인당 1만원 2만원 3만원 최고 금액을 5만원으로 하자는 의견도 있었다. 참여하는 동호인이 한 사람이라도 더 많아지는 것이 단합도 잘 되고 더 좋을 것 같았다.

이제 모금 운동을 시작하기에
앞서 미리 여론조사를 한번 해 보기로 하였다. 각자 개별적으로 친분이 있는 동호인들에게 모금을 하기로 했다는 사실을 미리 알려주고 그에 대한 의견을 들어 보기로 한 것이다.

그런데 놀랐다.
모금에 관해서는 부정적인 견해가 너무 많았다. 풍우회에서 비록 반을 낸다고 할지라도 동호인들의 참여를 얻기 힘들 것이라는 의견이 많았다.
이 사람들아! 세상이 달라진 것을 모르느냐? 윈드서핑 타는 사람들은 윈드서핑만 타면 그만이야. 동호인한테 괜히 돈 이야기는 아예 말을 꺼내지 않는 것이 더 좋을 것이라는 의견이 많았다.

실제로 세상이 많이 변하고

있음을 실감할 수 있는 면도 있었다. 극단적 개인 이기주의가 팽배하고 배금주의 (mammonism)까지 있었다고 한다. 윈드서핑이 "Olympic 메달"을 따 봤자 뭘 하나? 따는 선수만 죽을 때까지 몇 백만 원씩 받게 될 것이지 우리에게 떨어지는 게 뭐야?

그러나 풍우회 내에서도
의견이 엇갈렸다. 언제 어디서나 그런 반대 의견은 있을 수 있다. 그런 반대 의견이 전체 동호인의 의견이라고 볼 수 없다. 우리는 40년 동안 한번도 실패 없이 "출전 티켓"을 따 Olympic에 출전해 온 금자탑이 있지 않느냐? 국민이 다 몰라서 그렇지 우리나라 스포츠 역사상 진행 중인 엄청난 대사건이다. 풍우회에서 반을 내겠다고 한 이상 체면은 된 것이므로 모금 운동을 진행하자고도 했다.

그런데 4명의 선수를 보낼
마지막 대회인 이태리 경기 일자가 점점 가까워져 오고 있었는데 모금 운동은 엉거주춤한 상태로 시간만 지나가고 있었다. 그러나 반대 의견이 동호인 전체의 의견이 아니라 할지라도 그 반대 의견을 무릅쓰고 모금 운동을 진행해야 하는 "명분"을 찾아야 한다는 것이 문제였다.

이러한 명분을 찾고 있는
동안에 시간은 계속 흘러가고 있었다. 그러다가 모금을 하여 선수들을 보낼 수 있는 마감 시간이 그만 다 지나가고 말았다. 풍우회는 이제 모금 운동을 할 수도 없는 그런 상황이 되어버렸다. 결국 2명의 선수만이 갈 수밖에 없었다.

어쩔 수 없이 2명의 선수만이 출전하게 되었다.

이제 머나먼 Italy Tobro에서 기쁜 소식이 오기만을 눈이 빠지도록 기다려야 하는 신세가 되었다.

그런데 이게 웬일인가?

한 외신은 한국에서 눈이 빠지도록 기다리고 있다는 사실을 알려 주면서 조원우 선수가 한국의 Tokyo Olympic 출전권을 획득했다는 소식을 타전 해 왔다.

타전전문:

In the qualification battle, Korea's Wonwoo Cho has secured his country a place in Tokyo by way of his participation in the medal race.

출처:

https://www.sail-world.com/news/222545/2019-RS-X-World-Championships-day-4

한국이 불가능할 것으로

생각했던 Tokyo Olympic 출전권을 드디어 확보한 것이다.

풍우회 회원들은 눈물을 흘렸다. 같이 만세도 불렀다.

가슴에서 우러나오는 긴 한숨을 쉬었다

정보를 준
"외국 전문가들"

Rory   Aaron   Ceri   Quanhai

참 희한하게 맺어진 인연

세상 살다보면 참 희한한 일이
다 벌어지기도 한다. 어쭙잖게 처음 한번 만난 외국인 전문가들과 그 한번 만난
것을 계기로 이후에 희한한 "인연"을 맺게 된 것이다. 이러한 희한한 인연 덕분에
우리나라 윈드서핑이 오래도록 Olympic 티켓을 빠짐없이 따 가는데 필요한 결정
적 정보들을 얻을 수 있었다.

희한하게 외국인 전문가들과 인연을
맺게 된 계기는 2000년에 부산 해운대에서 개최한 윈드서핑 국제 대회였다. 당시 해운대 구청장은 부산시장을 지낸 서병수 님이었다. 해운대 발전을 위하여 "윈드 서핑 국제 대회"를 한번 개최하자고 제의를 하였더니 서병수 구청장은 의외로 흔 쾌히 받아 주었다. 그래서 해운대 구청에서 우리나라 윈드서핑 역사상 초유의 "윈 드서핑 국제 대회"라는 것을 개최하는 그런 기회가 생기게 되었다.

비록 일개 자그마한 지방 구청에서
개최하는 국제 대회이긴 하지만 국제 대회로서 인증을 받기 위해서는 4명의 "국 제 심판단"이 구성되어야 했다. 이렇게 그때 해운대에 온 국제 심판들과 처음으로 만난 이후 그들과 희한한 인연이 맺어지게 된 것이다. 국제 심판단은 프랑스, 이 스라엘, 중국 심판 등이었다.

그런데 이들 외국인 국제 심판들은
해운대경 기가 끝난 이후 본국에 돌아가 개인적으로 엄청난 거물로 발전해 갔다. 프랑스인 심판은 우리가 Olympic 티켓 따는 바로 그 국제 경기를 20여 년간이나 직접 관계하게 되었다. 또 그때 신입 국제 심판으로 왔던 중국인은 놀랍게도 전 세계 요트계의 최고 수장 자리에까지 올랐다. 이들과 해운대 대회 이후 아주 긴밀 하고도 참으로 야릇한 인연이 맺어지게 된 것이다.

Rory는 20년간 Olympic 주관

우리가 가장 도움을 많이 받은

사람은 프랑스 심판이었다. 프랑스 심판은 이름이 Rory Ramsden이었다.

이 사람은 우리가 Olympic 경기 티켓을 따는 바로 그 경기에 20여 년간이나 직접 관계 해 왔다. 그래서 우리가 필요로 하는 의문이 되는 정보들을 남모르게 아주 쉽게 물어 볼 수 있었다.

그 당시 Olympic 경기 보드는

Mistral이었다. 이 사람이 해운대를 다녀간 이후 Mistral 협회의 사무총장이 된 것이다. Mistral 사무총장은 Olympic 경기에 있어 조직상으로 공식적인 직책은 없으나 자기 회사 장비로 Olympic 경기를 하니까 사실상 모든 업무에 관여를 하게 된다.

Mistral 보드는 Olympic에서

오래도록 경기를 하였다. 너무 오래하여 Olympic 보드를 이제 바꾸어야 할 때가
되어 갔다. 2000년 Sydney Olympic 때부터 어느 board를 바꾸는지의 문제에 관
하여 엄청난 논쟁이 벌어지기 시작했다. 그 유명한 "Windsurfing Status Quo 논
쟁"이다. 지금까지 long board로 해왔으나 이제는 시대의 변천에 맞추어 short
board로 바꾸어야 할 것 아닌가 하는 그런 논쟁이다.

당시 전 세계 여론은 이제

short board로 해야 한다는 방향으로 흘러가고 있었다. 전 세계를 휩쓸었던
Formula가 이제 Olympic 보드로 선정되는 줄로 다 알았다. 그런데 ISAF 발표는
long board도 아니고 short board도 아닌 그 중간에 해당하는 어중간한 RS:X
라는 보드가 선정되었다고 발표하였다. short board로 분류되긴 하지만 long
board의 "데가보드"가 있어 어중간한 것이었다.

RS:X가 올림픽 보드로 결정되면서

Olympic 경기에 많은 변화가 왔다. 약간의 혼란도 있었다. 이 혼란 속에 Mistral
사무총장이던 Rory Ramsden가 이번에는 신규 Olympic 보드인 RS:X 사무총장
으로 발탁이 된 것이다.
Mistral로 10여 년간 Olympic 경기를 주관해 오던 사람이 이번에는 또 RS:X 라는
것으로 또 10여 년간 Olympic 경기를 주관하게 된 것이다. 역사상 희한한 경력을
가진 사람이 되었다.

Quanhai는 최고 수장까지

그때 온 외국인 중에는
더 웃기는 사람이 있었다. 그때 신입이었던 중국인 국제 심판은 전 세계 요트를
주관하는 최고의 수장 자리까지 오르게 된 것이다.
쿠안하이(Quanhai)는 그때 국제 심판이 되어 우리나라에 처음 온 것은 아니지만
국제 심판이 된 지 얼마 되지 않은 때였다. 국제 심판으로는 초보로 우리나라에
온 것을 감사히 생각하였다.

Quanhai 는 국제 심판이 된 이후
중국에서 유일한 국제 심판으로 오래도록 혼자만 해 왔다.
중국은 대국인데 많은 요트인이 국제 심판 시험에 응시를 하였으나 중국인은 계
속 심판 시험에 떨어졌다. 그래서 오래도록 혼자만 중국 국제 심판으로 있었다.

그때 우리가 제1회 RS:X 국제 대회를
한국에 유치하기 위하여 2005년 싱가포르에서 개최된 ISAF 총회에 유치 대표단
을 구성하여 파견한 적이 있다. 이때 이 친구가 힘이 있는 줄 알고 매달려 본 적이
있지만 당시는 아직 힘이 약해서인지 유치에 실패하였다.

이스라엘 심판은 Aaron Botzer이었다.
이 사람도 알고 보니 또 윈드서핑에 관한 한 엄청난 사람이었다.
윈드서핑을 Olympic의 경기 종목으로 끌어들인 최초 장본인이었다. ISAF 이전
국제기구는 IYRU이었는데 그때 IYRU부터 윈드서핑위원회 위원장을 지내왔다.

나이가 많았지만 활동적이었다. 배가 약간 나왔지만 씽씽했다. 권희범 씨가 ISAF 무대에 진출하여 부회장까지 했었는데 이 사람 도움이 컸다.

Ceri Williams 의 도움을 많이 받았다.
이 사람은 30여년 동안 윈드서핑에 관한 한 모든 국제기구 회장을 다 해본 윈드서핑계 희한한 사람이다. IWA(International Windsurfing Association)을 비롯하여 IFCA Formula, Techno293 등 안 해 본 국제기구가 없다. 2006년 강릉세계대회도 이 사람 도움으로 개최하였다.

우리가 외국인 전문가들과 깊은
인연을 맺는다는 게 사실상 그리 쉬운 일이 아니다. 우리는 영어가 서툴고 또 국제 감각 등 모든 것이 부족하다. 그럼에도 불구하고 우리가 큰 국제 행사들을 해보겠다며 과감히 덤벼들기도 하고 또 저질러 버리기도 하여 그들이 우리를 도와 해결해 주지 않으면 안 되었던 그런 사연들이 그들과 깊은 인연을 맺게 해준 계기가 된 것으로 느껴진다.

이렇게 인연 맺은 외국인 전문가들은
우리나라가 Olympic 메달을 못 따 한이 맺힌 줄 누구보다 더 잘 알고 있다. "40년 무명가수의 눈물"을 함께 해온 것이다. 만약 우리나라가 Olympic에서 메달이라도 하나 따게 되면은 이 외국인들은 우리나라 국민보다 더 기뻐하고 더 크게 "환호"를 지를 것이다.

초유의 국제 경기 유치단

RS:X가 Olympic 종목이 되자마자 "제1회 RS:X 세계선수권대회"를 한국에 유치하기 위해 싱가폴에서 개최된 "ISAF 2005 총회"에 유치 대표단을 파견했다.

우리나라에서 Olympic에 한 번도 빠짐없이
출전을 계속해 온 종목은 2개가 있다. 윈드서핑과 태권도이다.
Olympic에 출전하기 위해서는 출전권을 따야만 한다. 태권도가 Olympic 종목으로 채택된 이후 우리나라는 예선전을 통과하여 Olympic에 계속 출전을 해왔다.

윈드서핑도 지난 40년 동안 출전권 따는데 한 번도 실패를 하지 않고 계속해서 Olympic에 출전해 온 것이다. 그런데 태권도는 우리나라에서 출전권 대회를 개최하기도 하여 출전권 따기가 비교적 쉽다.

그러나 윈드서핑은 태권도와는 달리 출전권을 따기 위해 항상 외국에 나가야만 했다. Olympic 티켓을 따는 경기가 외국에서만 열렸기 때문이다. 오랜 세월 동안 외국으로 들락거리면서 이 Olympic 티켓을 따는 경기를 우리나라에서 한번 개최할 수 없을까 하는 생각이 들기도 하였다.

그런데 Olympic 티켓을 따는 이런 예선 경기는 세계 각국에서 저마다 서로들 개최하려고 하기 때문에 유치를 하기도 힘들지만, 그보다도 비용이 들기 때문에 우선 그런 경비를 부담해 주려는 주체가 있어야 한다.

당시 강원도가 "평창 동계 Olympic" 개최를 IOC 국제 Olympic 위원회에 신청하였으나 유치에 실패한 바가 있었다. 그때 강원도에서는 비록 실패를 했지만 포기하지 않고 계속 Olympic을 한번 유치하겠다며 벼르고 있는 상황이었다.

"강원도"가 윈드서핑 Olympic 티켓 따는 경기를 한번 개최해보자 제의하면은 이런 비용이 들더라도 한번쯤 개최에 따른 비용을 지원해주지 않을까 하는 그런 느낌이 들었다.

윈드서핑 Olympic 보드가 Mistral에서

RS:X로 바뀌게 될 가능성이 많은데 만약 바뀌게 되면 그 첫 세계 대회를 강원도에서 개최해 보자고 제의를 해봤다. 첫 대회이고 Olympic 티켓이 걸려있는 대회이기 때문에 온 세계의 관심이 집중되어 평창 Olympic 유치에 도움이 될 것이라며 첫 대회를 한번 유치해 보자고 제의하였다.

강원도에서는 처음에 별 반응을 보이지 않았다.

그러나 Olympic 출전 티켓을 따는 대회이기 때문에 거리가 먼 외국에서도 선수들이 오게 되어 높은 PR 효과 있을 것이라고 한 부분이 상당이 좋게 받아 들여졌던 모양이다. 강원도로부터 Olympic 티켓을 따는 경기라고 하면 유치를 한번 해보라는 언질을 받았다.

그때 마침 요트 총괄 국제 기관인 ISAF 총회에서

윈드서핑 Olympic 보드 종목을 RS:X로 정식 채택하는 것으로 결정되었다.

한국 윈드서핑계에 엄청난 기회가 올 것도 같은 느낌이 들었다. 우리는 모든 지혜를 다 짜내어 처음으로 하게 되는 RS:X 세계선수권대회를 유치해 보기로 하고 즉시 만반의 준비를 시작했다. 우선 제1차 RS:X 세계선수권대회를 개최하겠다는 유치계획서를 RS:X 당국과 ISAF 본부에 보냈다. 당시 RS:X가 Olympic 종목으로 막 결정되었기 때문에 아직은 경쟁이 되는 국가들이 없을 것으로 여겼다.

개최 장소는 ISAF 총회에서 결정한다.

그때 몇 개월 후 싱가포르에서 개최되었던 2005년 ISAF Mid-Year Meeting 총회가 있었다. 우리에게는 숨 가쁜 시간이 계속 지나가고 있었다. 유치 신청을 일단 서류로 제출은 해 놓았지만 가만히 있어서는 도저히 유치가 될 것 같지 않았다. 뭔가 ISAF 총회 현장에 달려가서 위원들에게 직접 매달려서 로비를 해봐야만 할 것 같았다.

하지만 싱가폴 ISAF 총회에 달려가서
로비를 벌어야 하긴 해야겠는데, 문제는 로비를 할 경비가 없다는 점이었다. 우리 주머니에서 돈을 내어 갈 수는 없었다. 그런데 뜻밖에 강원도 당국에서 로비 비용을 지원해 주겠다고 하였다. 우리는 유치대표단을 구성하여 윈드서핑 역사상 초유의 ISAF 총회에 직접 가서 국제경기 유치 로비 활동을 전개하였다.

Olympic 경기 보드가 RS:X로
갓 결정되었기 때문에 우리는 경쟁이 되는 국가가 없을 줄로만 생각했다. 그러나 그것이 아니었다. 가서 보니까 의외로 남모르게 첫 대회를 준비하고 있던 국가가 엄청 많았다. 암암리에 6개 국가에서 준비하고 있었다. 국제 무대에 발이 넓지 못한 우리는 결국 유치에 성공하지 못하고 실패했다. 애통했다. 윈드서핑이 발전하기 위해서는 국제 무대로 발을 넓혀야 한다는 사실을 새삼 인식하게 되었다.

우리나라 요트 발상지는 ?

경기도 팔당 위에 "양수리"라는 곳이 있다. 우리나라에서 "요트"를 처음 탄 곳이다. 요트의 요람지이다. 윈드서핑도 여기서 처음 탔다.

경기도 양평군 양서면 양수리

711-1번지 "두물머리"라고 하는 곳이다. 남한강과 북한강이 서로 마주치는 지점이라 하여 옛날부터 "두물머리"라고 불려 왔다.

우리나라 요트 발상지가 어디냐? 누가 제일 먼저 탔느냐? 이런 것들은 논쟁이 많이 벌어질 수 있는 그런 논제들이다.

우리나라에서 윈드서핑을 맨 처음으로 타기 시작한 것으로 알려진 사람은 권희범 씨다. 1977년에 이곳에서 "윈드서핑"이라는 것을 처음으로 타기 시작했다고 한다. 요즘은 잠잠하지만 우리나라에서도 최초로 윈드서핑을 탔다는 사람에 대한 논란이 없지 않았다. 이러한 것들은 근거가 있어야 한다. 세계적으로도 보면 윈드서핑을 자기가 최초로 탔다는 사람은 많다. 그러나 주장에는 근거가 있어야 한다.

현해탄 횡단

당시 권희범 씨는 건국대 축산학과를 다니면서 처음에는 이곳 양수리에서 다른 대학생들과 함께 요트를 탔었다. 윈드서핑이라는 것이 처음으로 생겨 나오자 윈드서핑을 타기 시작하였다. 김정수 씨라는 전문대학교 교수님이 일본으로부터 가져왔다고 하지만 확인은 되지 않았다.

그 후 권희범 씨는 1980년 당시 27세 나이로 윈드서핑을 타고 현해탄을 건너가 이름이 전국에 알려졌다. 한국 BAYER약품 사장 바워 씨의 후원을 받아 1980년 10월 18일 오전 7시 30분에 부산 영도 태종대 등대를 출발하여 장장 8시간 23분 만에 일본 대마도 등대에 도착을 한 것이다.

초창기 우리나라에 윈드서핑이 별로 보급되지 않은 상황이었는데 권희범 님의 현해탄 횡단이 널리 알려져 우리나라에서 윈드서핑이 널리 보급되는 큰 계기가 되었다.

대한요트협회

한국의 요트를 개척하신
'장영주' 선생님

이곳 두물머리에서는 일찍이 요트 대회를 개최하기도 하였다. 그때 요트 대회는 대한체육회 산하 대한조정협회 주관으로 개최되었으며 주로 대학생들이 참가했다. 권희범 씨도 참가하였다. 요트 대회를 개최하던 대한조정협회의 요트부가 확장이 되어 후일에 대한요트협회로 창립이 이어졌다.

이때 혜성 같이 나타나신 분이 장영주 씨이다. 장영주 씨는 대한요트협회를 창립하고 OP교본 등 생소한 요트 전문 서적 10여 권을 발행하여 한국 요트 발전의 등불이 되었다. 이후 한국의 요트 발전을 위하여 평생을 바치셨다.

2023년 2월 26일에는 신년사를 쓰기도 하였다. 감동적인 글이다. 대한요트협회 홈페이지에 있는데 한번 읽어 보길 바란다.

https://ksaf.org/community/board/?mode=view&nid=20230227225903698&page=1&sCD=101&field=&keyword=

진정한 요트인 이라면 눈물 없이 읽을 수 없는 글도 많이 나온다. 우리나라 요트의 숨은 역사도 많이 나온다.

특히 요트 발전을 위해서는 요트 전문 서적이 발간되어야 한다며 요트도서편찬위원회를 만들어 요트 전문 서적 제1권 "밧줄다루기"부터 시작하여 11권을 만들려

두물머리 동영상

https://www.youtube.com/watch?v=y1DBLsESKjk&feature=youtu.be

한국의 요트 발생의 상징 양수리 느티나무 © EBS

고 하였다.

요트 전문 서적 출간을 해야 하겠지만 요트인구가 적어서 책 발행이 힘들어 대한요트협회에 발간을 의뢰했으나 발간이 되지 못한 사연도 있다. 이렇게 협회에 발간 의뢰를 하였는데 발간을 못하더라도 협회에서 그 원고를 분실하는 이야기도 나온다.

요트가 발전하려면 전문 서적이 꼭 있어야 한다는 신념으로 최근 조광환 씨를 만나 전문 서적 출간을 계속하게 되는 새로운 계기를 맞고 있다.

두물머리에서 요트를 타던

대학생들은 당시 한양대, 단국대, 경희대 등을 주축으로 "대학생요트연합회"를 결

성하였다. 초대 회장은 경희대 김인범, 2대 한양대 최형석, 3대 경희대 김영배 회
장으로 이어져 갔다.

두물머리에는 대학생들이 all night 하던 "이화수 별장"이 있었고
장비를 보관 관리해 주던 최씨댁이 있었다 최씨댁에는 관리비가 밀려 방치된 요
트들도 많았다. 주인이 행방불명인 요트도 많았다. 오래 행방불명인 요트를 최 씨
는 처분하기도 하였다.

Seoul Sailing Club

본인은 당시 최 씨로부터 당시 370 model(현재의 레이저 비슷한 것) 2개를 헐값에
구입하는 일을 계기로 Seoul Sailing Club
이라는 요트 클럽을 창립했다. 처음에는 요
트 클럽으로 시작하였다.

그래서 클럽 명칭도 당시 요트에서 사용하
는 sailing 이라는 단어를 사용하였다. 그러
나 시간이 지나면서 윈드서핑 타는 회원이
많아져 가 윈드서핑 클럽으로 변해갔다.
2019년에는 40주년이라 하여 "기념 모자"
를 만들었다.

Seoul Sailing Club 40주년 기념모자

이 Seoul Sailing Club 창립을 계기로
1983년 서울시요트협회 국제 이사로 발탁이 되었다. 일본 동경시와 서울시 간의

요트 친선 교환 경기를 추진하였다. 한해는 서울 한강에서 다음해는 일본 東京에서 경기를 하였다. 1985년에 시작하여 30년간이나 이어져 왔다.

초창기 10여 년 동안은 상당히 인기가 좋았다. 당시는 외국에 나갈 수 있는 여권(passport)을 발급 받기가 힘들었다. 로타리(Rotary) 클럽 회장쯤 되어야 그때서야 여권을 낼 수 있었던 그런 때였다.

그러나 88 Seoul Olympic을 앞두고 선수들이 "해외 경기"하러 나간다고 하면 여권이 우선 발급되어졌다.

한일 요트 친선 경기로 여권을 내어 일본에 가서 경기를 한 번 하고 오면 해외에 나갔다 온 것이 되어 자랑스러웠다.

여권 만들기가 힘들었던 초창기 옛날 이야기다.

30여 년간 東京市요트협회장을 한 사토(藤澤誠一) 씨

"첫 Olympic" 모습들

Olympic 종목이 되려면 100년이 걸린단다. 그러나 윈드서핑은 탄생 하자마자
바로 Olympic 종목이 되어 경기를 시작하였다.

© ANPO

윈드서핑은 세상에 태어나자마자
바로 "Olympic 종목"으로 결정이 되어 Olympic 경기를 시작한 것으로 유명하다.
Olympic 종목이 되려면 최소 100년은 걸린다는데 윈드서핑은 바로 Olympic 종
목이 된 것이다. 참으로 특이한 현상이 벌어진 것이다.

윈드서핑은 84년 LA Olympic 때부터

경기를 시작했다. 그때 Olympic에서 '윈드서핑'이라는 종목으로 경기를 한다는 뉴스가 흘러나왔을 때 전 세계가 깜짝 놀라 어리둥절하였다. 왜냐하면 그때만 해도 윈드서핑이라는 것이 세상에 나온 지 얼마 되지 아니하여 아직은 윈드서핑이라는 것이 무슨 놀이기구인지 아니면 무슨 스포츠인지 애매한 상태였기 때문이다. Olympic에서 경기를 시작한다니까 그때서야 아! 이것이 스포츠 종목이구나! 싶었다.

그런데 그때 Olympic 경기를 하면

어느 board로 할 것인가가 첨예한 관심사가 되었다. 윈드서핑은 처음 미국에서 개발되었고 큰 경기는 주로 하와이에서 이루어졌다. 그래서 만약 Olympic에서 윈드서핑 경기를 하게 된다면 당연히 미국 original 제품인 Windsurfer 보드로 경기를 할 것으로 예상이 되었다.

그러나 결과적으로는 독일 Ostermann이 만든 Windglider라는 보드로 결정이 내려졌다.

첫 보드는 "Windglider"

Olympic 보드 종목을 결정하는

기구는 IYRU라는 요트최고의 국제기구였다. IYRU는 Olympic 경기 종목을 관장하는 IOC(국제올림픽위원) 산하 기관이었기 때문이다. IYRU는 그 후 명칭을 ISAF로 바꾸었다가 현재는 World Sailing으로 이름을 변경하였다.

Windglider는 독일 사업가 Fred Ostermann라는 사람이 1976년에 설계한 윈

드서핑 보드이다. 길이가 3.9m에 무게는 4kg이고 바우 헤드에 끈이 달려 있다. dagger board는 있었지만 발을 끼는 footstrap은 없었다. 그래서 발을 끼지 못했다. 세일은 6.5m로서 지금 보면 상당히 작은 편이다.

첫 Olympic 경기는 참으로 이상하게 하였다.

윈드서핑은 요트의 일종이기 때문에 요트 경기 규정에 따라 경기를 해야 했다. 그러나 윈드서핑은 요트의 한 종류이지만 수많은 요트 종류 중에서 유일하게 서서 타는 요트이다.

서서 타면서 경기를 하게 되니까 서서 타는데 필요한 최소한의 규정이 있어야 했다. 그때는 처음이라 이런 것을 미처 생각하지 못했다. 그냥 일반 요트 규정에 따라 요트와 같이 경기를 시작하게 되었다. 이로 인해 윈드서핑 경기는 엉망이 되었다. 또 윈드서핑은 그것 이외에도 요트와는 다른 면이 많은데 특히 요트의 42조 규정에 따라 또 "펌핑(pumping)"도 하지 못하게 하였다. 딩기요트에서의 펌핑과 윈드서핑에서 펌핑은 다른데도 어쨌든 펌핑을 할 수가 없었다. 그래서 선수들은 펌핑을 하지 못하고 세일을 들고 가만히 있어야 했다.

펌핑뿐만 아니라 "harness"도

사용하지 못하도록 하였다. 보드에 발을 끼는 풋스트랩이 아예 없었으니까 발도 낄 수가 없었다. 선수로서는 풋스트랩을 못끼는 것은 더 큰 문제였다. 그래서 선수들은 harness도 못 걸고 발도 못 끼고 펌핑도 못하고 오로지 붐(boom)만 잡고 가만히 서 있어야만 했다. 명색이 Olympic 경기인데 윈드서핑으로서는 참 희한한 경기를 하지 않을 수 없었다.

선수들이 많이 넘어져

'하네스' 를 못 걸고 '풋스트랩' 도 없어

발을 못 끼고 붐만 잡고 타다 보니 문제는 강풍이 왔을 때였다. 아무리 센 강풍이 불어와도 이제 선수들은 그냥 '붐' 만 잡고 버티는 길밖에 다른 도리가 없었다. 첫 Olympic경기를 하면서 선수들이 엄청 고생한 것으로 기록되어 있다. 선수들이 경기 중 많이 넘어졌다. Olympic 선수가 경기 중 넘어진다는 것은 상상할 수도 없는 일이다.

84 LA Olympic은

처음 하는 Olympic 경기였기 때문에 예선전이나 출전권 없이도 참가하는 open 이라 희망하는 국가는 다 출전할 수 있었다.

우리나라에서는 조진섭 선수가 출전하였다. 그때 Olympic에 갈 때는 (주)거화실업 회장이었던 이화수 님 그리고 대한요트협회 사무국장이었던 유승길 님도 같이 갔다.

조진섭 선수는 지금의 전철 7호선

뚝섬유원지역 근교에서 살고 있었다. 부친 조우현 씨는 한강에서 뱃일을 하며 살았다. 배를 여러 채 가지고 유원지에 놀러오는 사람들에게 대여해 주기도 했다.

해방 전 외정 시대에는 춘천 소양댐이 없었기 때문에 강원도 화천 등지에서 서울까지 배로 바로 올 수 있었는데 뗏목으로 한강까지 운반하기도 했다고 한다.

당시 조진섭 씨는

Olympic 선수 선발 대회에서

천부적 바람 감각이 있다는 평가를 받았다. 키 170cm에 체중 56kg으로 저체중
이지만 사진에서 보는 바와 같이 엄청 근육 체질이었다. 윈드서핑 경기에 적합한
체격으로 평가되었다. 83년 서울 안흥전자공고를 졸업 후 Olympic 국가대표로
선발되자 대학 진학을 미룬 채 윈드서핑에 열중했다.

주로 한강에서만 윈드서핑을 타던 조진섭 씨는 Olympic에 나가기로 결정이 되었
으니까 이제 바다에 나가서 연습을 해야 하는데 할 수가 없어 애를 태웠다. 당시

1984 LA Olympic - 윈드서핑의 첫 올림픽 경기 동영상
https://www.youtube.com/watch?v=y1DBLsESKjk&feature=youtu.be

거제 옥포 바다에서 연습중인 조진섭 선수

대우조선의 김우중(金宇中) 요트협회장님의 배려로 거제 옥포에 있었던 대우조선 직원아파트에 머물면서 거제 옥포 해안바다에서 5개월 정도 연습을 할 수 있는 기회를 얻었다.

바다에서 연습할 기회는 갖게 되었지만 매일 혼자서 할 수도 없었다. 문제는 가르쳐 줄 지도자가 없는 것이었다. 당시 대한요트협회에서는 코치라고 해서 이희원 씨라는 분이 상주하고 계셨다. 이희원 코치는 국민대 재학 시절에 스나이프를 탔을 뿐이다. 윈드서핑과는 거리가 멀었다.

지도자를 찾지 못해 궁여지책으로
한국해양대 항해과 출신 김정식 씨를 초빙하여 해양항로규칙 교육을 받은 것으로
1984년 6월 14일자 동아일보 9면
뉴스에 나와 있다. 김정식 씨는 (주)한라해운에서 2만 톤급 화물선을 몰던 1등 항해사였다.

신문에서는 요트가 얼마나 답답했으면 화물선을 몰던 항해사를 Olympic에 출전할 국가대표 선수의 코치를 하게 했는가 라며 개탄하고 있다.

로스앤젤레스의 "Long Beach" 해변에서 38개 국가가 출전하여 7개 경기를 하였는데 네덜란드 Stephan van den Berg이 우승하여 금메달을 땄고 조진섭 선수는 34위를 하였다.

웃기는 Joao 선수

직업이 무엇이냐? 물으면 국가대표로 Olympic 출전하는 것이라는 사람이다. © Pollak/Raceboard
Olympic에 7회에 걸쳐 30년을 혼자 국가대표로 출전해 왔다.

Joao 라는 '윈드서핑' 선수가 있다.

포르투갈 국가대표 선수다. 세일번호는 POR 7이다. 이 선수는 지금까지 Olympic
에 7번이나 출전을 했다.

Olympic이 4년마다 열리니까
30년 동안을 출전해 온 셈이다.19세였던 10대에 처음 출전하기 시작하여 지금 40세를 넘어서까지 출전을 계속 하고 있다. 직업이 무엇이냐? 물으면 국가대표로 Olympic에 출전하는 것이라고 대답할 만한 상황이 되었다.

Olympic에는 어느 나라에서나
단 한 명의 선수만 출전하게 되어 있다. 그래서 30년 동안을 포르투갈 국가대표 선수로 혼자서 Olympic에 출전을 해온 것이다. 그런데도 Joao는 아직까지 메달 한 번도 못 땄다. 구경도 못 했다. 동메달도 못 따 봤다. 실력이 모자라 메달 근처에도 갈 수 없었다. 지금까지 7등인가 한 것이 최고로 좋은 성적이었다. 그런데도 Olympic에 다른 선수를 내보내지 않았다. 젊은이들 불평불만이 여간 아니다.

포르투갈은 RS:X 종목에는 별로
강하지 않다. 그렇지만 Joao보다는 더 잘 타고 랭킹이 높은 선수는 많다. 메달을 기대할 만한 선수가 전혀 없는 것은 아니다. 그러나 유럽의 낭만 문화에 막혀 젊은이들은 절망하고 있다. 우리로서는 이해하기 힘든 문화이기도 하다.

오는 2020 Tokyo Olympic에
이 선수가 나올지 여부가 전 세계 큰 "관심거리"가 되고 있었다. 만약 나오면 출전 횟수 8번째가 된다.

지난 2016년 브라질 Olympic 때도 그의 출전 여부가 "관심거리"였다. 그때 Olympic에 나왔다. 그때 나오는 걸 보고 사람들이 웃었다. 포르투갈 선수단의 맨 선두에 서서 '국기'를 들고 가는 것이었다. 전 세계 윈드서퍼들의 입가에 미소를 짓게 하였다.

2020 Tokyo Olympic에 또 나온다고 하니 "가십거리"가 되고 있다.
그러나 2019년 8월 Pre-Olympic 포르투갈 국가대표로 다른 선수가 나왔다. 그래서 이제는 더 못 나올 것 같기도 하다. 우리나라는 Pre-Olympic에 누가 나가든 Olympic에는 다른 선수가 나가기도 한다. 그러나 전 세계 대부분의 국가에서는 Pre-Olympic에 나간 준비된 선수가 Olympic에 나가는 것이 관례다.

2020 Tokyo Olympic에서는 Pre-Olympic에 나왔던 그 선수가 나왔다.
30년 Olympic 출전 역사의 막이 끝났다.

"이혼" 까지 했는데도 !

기어코 Olympic 금메달을 한번 따려고 아내와 이혼까지 해 봤다. 그러나 금메달도 못따고 이혼만
해버린 꼴이 되고 말았다.

Nick Dempsey라는 윈드서핑 선수가 있다.

영국 국가대표 선수이다. 참 별난 선수다. 이 선수는 Olympic 금메달을 따려고 환장을 한 사람이다. 여러 번 금메달 기회가 왔는데 그때마다 희한하게 은메달이었다. 마지막 기회가 왔다. 이번에는 꼭 한번 따 보려고 아내와 이혼까지 해 보았다. 그러나 결국 따지 못했다.

Nick Dempsey는 지난 20년간

영국 윈드서핑 대표로 Olympic에 5번이나 출전을 한 선수다. Olympic에는 어느 나라에서나 단 한 명의 선수만이 출전하게 되어 있다. 그래서 20년 동안을 혼자서 영국 국가대표를 독차지 해온 것이다. 그동안 2등으로 은메달은 여러 번 땄으나 '금메달'만큼은 한 번도 따지 못했다. 계속 딸 법도 했는데 결국은 못 따서 영국 국민이 더 애를 태우고 있었다.

가장 극단적인 장면은 자기 나라

영국에서 개최 되었던 2012 London Olympic 때였다. 그때는 윈드서핑이 마지막 Olympic 경기로 되어 있었다. 다음 Olympic부터는 윈드서핑 대신에 카이트를 하기로 결정이 되어 있었던 상태였기 때문이다.

드디어 런던 올림픽 윈드서핑 경기가

시작되었다. Nick은 초반전에 참으로 잘 나갔다. 1 race, 2 race에서 1위로 치고 나갔다. 연속 1위를 치고 나가니까 영국 신문들은 깜짝 놀라 이제 Nick이 숙원을 풀게 된다고 흥분하여 대서특필했다. 더구나 마지막인 Olympic에서 드디어 소원이 성취될 듯하다고 했다.

그때 총 11개 race를 하였는데
최종 성적을 집계하여 발표되었을 때 Nick은 금메달을 따는데 또 실패하였다. 은메달이었다. 윈드서핑 마지막 Olympic이었는데 기어코 금메달을 따지 못해 영국의 전 국민이 더 애통해 하였다.

그 후 윈드서핑이 Olympic에서
제외되어 Olympic 경기를 할 수 없게 되었다. 그러나 윈드서핑의 Olympic 탈락으로 많은 우여곡절이 이어졌다. 파란만장하였다. 하지만 결국에는 윈드서핑이 Olympic 종목으로 또 다시 살아나게 되었다. 2016 브라질 Olympic에서 또다시 윈드서핑 경기를 하게 된 것이다.

20년 본처 아내와의 "눈물겨운 이별"

윈드서핑이 Olympic 종목으로
다시 살아나게 되니까 Nick에게는 생각지도 않은 또 한 번의 Olympic 기회가 오게 되었다. 의외의 기회였다. 미칠 지경이었다. 하늘이 내려준 기회 같았다. 엄청나게 가슴이 설레게 되었다. 이번에는 목숨을 걸고 죽음을 각오하고서라도 어떻게 하든 평생 소원인 금메달을 꼭 따고 싶었다.

온갖 궁리 끝에 Nick은 금메달을
꼭 따기 위해 "싱싱한 젊음의 기"를 좀 받아야 한다고 생각했다. 싱싱한 기를 받아 하늘이 내려준 이번 기회에 꼭 금메달을 꼭 따고 싶었다. 그래서 20년간 뒷바라지 해 온 아내와 눈물의 이별을 한다고 발표했다. 자식도 둘이나 있었다.

브라질 Olympic 직전에 "젊음의 기"를

받기 위해 11살이나 어린 요트 선수와 재혼을 한단다. Olympic 경기장에서 기를 받아 마지막 이 기회에 어떻게 하든 금메달을 따서 영국민의 기대에 보답하겠다고 하였다.

20년 본처 아내와 눈물의 이별까지 해가며 금메달을 꼭 따려는 각오에 영국 국민의 관심이 대단했다.

드디어 브라질 Olympic이 시작되었다.

Olympic 경기장에서 젊은 피를 받아서인지 참으로 잘 나갔다. 이번에도 1등 아니면 2등이었다. 12 race를 하였는데 대부분 1등이었다. 젊음의 피를 받은 효과가 나타나는 듯 했다. 사실상 그의 확실한 1등 금메달이었다.

금메달이 너무나 확실히 보이는 듯했다.

최종 10명의 결승전 medal race만 남았다. 지난 12 race를 했는데 대부분 1등 아니면 2등이었다. 12 race까지 성적이 워낙 좋아 최종 medal race를 시작하기도 전에 이미 "은메달"은 확보가 된 상태였다. medal race에서 비록 "꼴찌"를 한다고 할지라도 은메달이 확보가 되는 그런 상태였다.

그런데 마지막 medal race 에서는

등위차 점수를 2배로 계산한다. 때문에 등위가 간혹 뒤바뀌기도 한다. 그러나 Dick은 이미 은메달이 확보된 상태이고 medal race 10명 중 7위 안에만 들어가면 금메달이다.

마지막 결승전 medal race 경기가 시작되었다.

그런데 이게 웬일인가? 아뿔싸!! 8위였다. 본선 경기를 하면서 내내 1, 2위 경기를 해왔으며 한번도 8위를 해본 적이 없다. 그런데 이번엔 8위였다. 어쨌든 8위였다. 참으로 원통했다. Nick은 거의 확실했던 "금메달"이었는데 어처구니 없이 실패하고 말았다. "은메달"이었다.

Nick은 결국 금메달도 못 따고 이혼만 해버린 꼴이 되고 말았다. 이는 많은 화젯거리가 되었다.

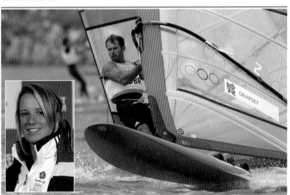

HOME » NEWS » UK NEWS

UK Olympic medallist leaves wife for woman who replaced her in Team GB

British Olympic medallist Nick Dempsey has split with his sailor wife, who sacrificed her sporting dreams for him, in favour of the woman who replaced her in Team GB.

Hannah Mills won a silver medal in the 470 Women's Class while Nick Dempsey also won a silver medal in the Men's RS:X event at Weymouth   Photo: Getty Images/PA

2019 KiteFoil World. Sardimia

30년 결사적 "결투"

Olympic 종목 자리를 놓고 kite와 윈드서핑이 30년 동안 결투를 벌여 왔다.
두 종목이 다 같이 Olympic 종목이 되고 나서야 결투가 끝났다.

윈드서핑과 카이트(kite)는

서로 자기가 Olympic 종목이 되려고 '결투'를 벌여 왔다. 서로 상대편을 쫓아내야
자기가 Olympic 종목이 될 수 있었다. 그래서 아주 치열했다. 너 죽고 나 살자면
서 마치 "O. K. 목장의 결투"와도 같이 치열한 결투를 벌여 온 것이다.

믿기 어려운 소식

2012년 5월 5일 어린이날에 참으로
어이없는 소식이 전해 왔다. 윈드서핑이 Olympic 종목에서 카이트에 자리를 빼앗
겼다는 것이다. 이제 Olympic 에서 '윈드서핑' 경기는 더 이상 하지 않는다는 것이
다. 카이트가 윈드서핑을 쫓아내고 Olympic 종목이 되었다는 것이다. 아무리 생
각해도 믿어지지 않는 소식이었다.

이태리에서 개최된 ISAF 임시 총회
에서 ISAF 회장이 억지로 그렇게 만들었다는 것이다. 안건이 처음 상정되었을 때
투표 결과 18대 18로 동수가 되었다. 팽팽하였다. 과반이 넘지 못하였기 때문에
안건이 통과되지 못하고 부결되었다. 따라서 윈드서핑은 밀려나지 않고 그대로
Olympic에서 살아남아 있게 되었다.

그때 ISAF G. Petersson 회장이라는
사람이 방금 부결된 이 안건을 다시 재상정한 것이다. 이번 총회를 끝으로 8년 임기
의 ISAF 회장직을 마치게 되는데 뭔가 작품을 하나 남기고 싶었던 것이다.

금방 부결된 안건이 재상정되었다.
어쩔 수 없이 또 다시 투표를 하게 되었다. 재투표에 들어간 것이다. 방금 1차 투
표 때는 18대 18로 동수가 되어 부결되었다. 그러나 2차 투표를 하면서 1차 투표
와는 달리 한 사람의 "이탈자"가 나와 이쪽에서 저쪽으로 갔다.

이탈자가 한 사람 나와 이쪽에서

저쪽으로 가게 되니까 동수가 무너지게 되었다. 17대 19가 되었다. 한 사람 차이로 과반이 넘어서게 되었다. 조금 전에 부결되었던 그 안건을 재투표를 하여 통과가 된 것이다. 윈드서핑이 Olympic에서 탈락되고 카이트가 Olympic 종목이 확정되어 진 것이다. G. Petersson 회장은 웃었다. ISAF 총회는 끝났다.

배신자는 과연 누구인가?

한 사람의 배신자가 나왔기 때문에
윈드서핑이 Olympic에서 탈락 하게 되었다는 소식이 전해지면서 그 배신자가 과연 누구냐에 온통 관심이 쏟아졌다.

문제의 이탈자는 캐나다 Fiona KIDD라는
여자인 것으로 밝혀졌다. 윈드서핑에서는 아니! 이년! "죽일 년"하며 분통이 터졌다. 온갖 소문도 다 퍼져 나왔다. Petersson 회장과 무언가 "야릇한 스캔들"이 보이더라고도 했다. Petersson 회장의 애인이라는 이야기까지 흘러 나왔다.

이탈자 KIDD에 대한 비난이 엄청났다.
우선 KIDD의 본국인 캐나다에서 조차 비난이 나왔다. 전 세계 윈드서핑계에서 온통 난리가 났다. 스페인은 국가협회 명의로 사과문까지 나왔다. 아주 이색인 일이다. 뉴질랜드도 사실상 국가명 의로 윈드서핑의 Olympic 탈락에 반대를 표시하고 있었다. 이스라엘에서도 갈등이 표출되고 있으며 ISAF 부회장을 둔 싱가포르에서도 말썽이 되고 있었다.

전 세계에서 비난이 쏟아지고

난리가 났었다. 하지만 일단 한번 결의되어 통과 된 ISAF 안건이라 어쩔 수 없는 상황이었다. 그러나 윈드서핑 측에서는 계속 큰 난리를 피워 나갔다. 전 세계에 걸쳐 반대 서명 운동이 전개되고 ISAF에 법적 소송을 위한 소송비 모금 운동까지 시작되었다.

우울해진 London Olympic

그로부터 2개월 뒤 2012년 8월

London Olympic 이 열리게 되었다. Olympic 3개월 전 지난 5월 ISAF 결정으로 이번 Olympic이 윈드서핑의 마지막 Olympic이 되고 말았다. 출전한 선수들도 이제 자기들이 마지막 Olympic 출전 선수가 되었다며 눈시울을 적셨다.

London에서 Olympic 축제가

한창 달아오를 때 Neil Pryde는 전 세계로부터 모금된 소송 비용으로 London 고등법원에 소송을 걸었다. 윈드서핑을 빼고 카이트로 하기로 결정한 것은 절차상 하자가 있어 무효라는 것이다. Olympic이 엉뚱하게 소송으로 휘말리게 되었다. 이러한 윈드서핑의 온갖 저항운동으로 London Olympic 축제가 만신창이가 된 듯 했다.

ISAF 내부에서 조차 여론이 심상치

않았다. 떠나가는 Petersson 회장이 방금 부결된 안건을 억지로 재심에 부친 것에 대하여 동의를 하지 못하는 분위기 확산되어 갔다.

그해 연말 2012년 11월 아일랜드에서
2012년 ISAF 정기 총회가 열리게 되었다. 윈드서핑 Olympic 복귀 안건이 제출되었다. 당시 전 세계에서 들끓는 비난 여론으로 보아 이 윈드서핑 Olympic 복귀 안건은 무난히 통과 될 것으로 예상이 되었다.

그런데 그때 그 ISAF 연차 총회는
일반적으로 하는 연례총회와는 다른 총회였다. ISAF 간부들을 선출하는 예민한 총회였다. ISAF회장을 비롯하여 모든 임원과 간부를 선출하는 총회다. 우선 G ran Petersson 8년 임기가 만료되니 새 회장을 선출해야 하는 총회였다.

총회 전체가 임원 선출에 정신이
팔려 안건 심의 같은 것은 별로 관심들이 없었다. 그래서 대부분의 토의해야 할 안건들은 토의가 되지 못하고 그냥 미루어져 갔다. 기대하였던 윈드서핑 부활 안건도 토의가 되지 못하고 자동 부결이 되고 말았다. 이에 따라 이제 카이트는 Olympic 종목으로 완전히 확정된 것이다.

ISAF 총회는 임원 선출로 활기가 넘쳤다.
6명이나 출마한 ISAF 새 회장직에는 이탈리아 Carlo Croce이 선출되었다. 그 외 400여 명의 임원 등 주요 간부들이 선임되었다. 축제 분위기였다. 숨 가쁘게 진행된 2012년 ISAF 정기 총회가 마치게 될 순간이었다.

그런데 총회 폐회 직전 폐회 선언
방망이를 치려는 순간, 윈드서핑에서 긴급 안건을 올렸다. 윈드서핑의 Olympic

복귀 안건이었다. 폐회 직전 순간인데 묘하게도 그 안건이 "긴급 안건"으로 채택이 되었다.

이 안건이 총회에 상정 되자
의외로 긴 토론 시간이 이어졌다. 드디어 투표에 부쳐졌다. 투표 결과가 발표되었다. 딱 과반이라는 것이다. 정확하게는 51.3%란다. 참으로 눈물겹게 겨우 과반을 넘기는 숫자다. 카이트에 빼앗겼던 윈드서핑이 다시 Olympic 종목으로 살아나는 감동적인 순간이다.

이제는 싸움 끝

그 후에도 윈드서핑과 카이트는 서로 죽이고 살리는 OK 목장의 결투가 계속 되었다. 그때마다 서로 희비가 엇갈렸다.

그런데 이제는 당분간은 더 이상 싸울 필요가 없게 되었다.
2024 파리 Olympic에는 윈드서핑과 카이트 두 종목이 다 Olympic 종목으로 채택이 되어 있기 때문이다.

• kite를 찬성한 19 국가

미국(3표), 캐나다, 카타르, 인도, 핀란드, 노르웨이, 스페인, 도미니카, 케이맨제도, 불가리아, 남아공, 아일랜드, 베네주엘라, 싱가포르, 이탈리아, 푸레이토리코, 호주

• 윈드서핑을 찬성한 17국가

프랑스(2표), 폴란드(2표), 아르헨티나, 영국, 터키, 슬로베니아, 독일, 캐나다, 그리스, 이태리, 브라질, 벨기에, 뉴질랜드, 러시아, 일본

윈드서핑 "이웃 사촌들"

서핑 (surfing)

윈드서핑과 비슷한데 단지 세일(sail)이 없을 뿐이다.
타는 보드도 윈드서핑 보드(board)와 거의 같다.
보드 위에 올라가 균형을 잡은 후 파도의 힘으로 탄다.
부산 송정, 강원 동해 등에서 많이 탄다.
우리나라에서 동호인 인구가 계속 늘어 나고 있다.

카이트 (kite)

카이트도 윈드서핑과 비슷한데
단지 sailing을 떼어 내 줄로 묶어 하늘에 띄워 놓았다.
연결되어 있는 줄로 속도와 방향을 조절한다.
2024년 파리 Olympic때 부터 정식 종목이 된다.
우리나라는 물론 전 세계에서 인구가 늘어나고 있다.

멋쟁이 Neil Pryde

윈드서핑 역사상 가장 멋쟁이다. RS:X 라는 것으로 Olympic 종목이 5번이나 결정되었다.

위 사진은 "Neil Pryde"라는 사람이다.

윈드서핑 역사상 가장 위대한 사람이다. 윈드서핑에 위기가 왔을 때마다 구해 낸 사람이다. 윈드서핑 역사에 참 독특한 역할을 해왔다. 참으로 귀중한 사람이었다. 여러 가지 웃기는 "윈드서퍼"이기도 하다. 재벌 회장이다. 하지만 "재벌 회장 티"

를 내지 않는다. 실무자들과 토론을 좋아하는 "실무자형" 회장이다.

치열한 "Olympic 보드" 경쟁

80년대 초에 1984 LA Olympic에서부터

'윈드서핑 경기'를 시작한다는 뉴스가 흘러 나왔다. 이때 Olympic 경기를 하게 되면 어느 보드로 경기를 할 것인가에 관심이 집중되었다. 당시 전 세계 대부분은 미국 제품인 "Windsurfer" 보드로 경기를 하고 있었다. 그래서 Olympic에서 경기를 하게 되면 당연히 "Windsurfer"으로 할 것으로 예상이 되었다.

그러나 당시 결정권을 가진 IYRU에서는

무명의 독일제 "Windglider"를 선택했다. 온통 난리가 났다. 이 무명의 Windglider 관련 제품이 당장 80,000개나 팔려 나갔다. 업계 판도가 하루아침에 뒤집힌 느낌이다.

그러나 Windglider가

선택이 되어 기뻐했지만 1984 LA Olympic 한 번으로 끝났다. 두 번을 못했다. 그 다음 Olympic은 우리나라 Seoul Olympic이었다. 그때 서울에서는 오스트리아제 "Division II"라는 보드를 선택하였다. 이 Division II도 한 번으로 끝났다. 그 다음은 1992 스페인 바르셀로나 Olympic이었다. 그때 Lechner A-390라는 보드로 했는데 이것도 한 번으로 끝났다.

그 경쟁은 참으로 치열하였다. 비록 선택이 되더라도 한번으로 끝났고 길어야 두 번 정도였다.

RS:X 라는 "보드 등장"

Neil Pryde가 이 치열한 경쟁에
뛰어들어오면서 모든 상황이 달라지게 되었다. Neil Pryde는 2008년 베이징
Olympic 때 처음으로 RS:X를 Olympic 보드로 선택권을 따냈다.

한번 선택이 된 RS:X는 다음
Olympic에도 빼앗기지 않았다. 그 후에도 빼앗기지 않고 희한하게 계속 해 나
갔다. 2012년 런던 Olympic 그리고 2016년 브라질까지 연속 3번이나 하였다.
다른 보드 제조업자들은 하늘만 쳐다보는 수밖에 없었다. 그런데 2020 Tokyo
Olympic까지도 RS:X로 하게 되었다. 그러니까 연속 4번이나 하게 되면서 역사를
바꾼 것이다.

그런데 참으로 "웃기는" 이야기를
하여 화제가 되었다. 4번이나 하고도 다음 Olympic에도 또 하고 싶다는 이야기를
하는 것이다. 2016 브라질 Olympic이 끝날 무렵에 5번째로 2024년 Olympic 윈
드서핑 경기에 사용할 보드라고 하면서 "RS:X Convertible"이라는 걸 내 놓았다.

하지만 이 말은 웃기는 말이다.
2024 Olympic에는 윈드서핑이 Olympic 종목이 아닌 상태에 있었다. 2016 브라
질 이 마지막 Olympic이었다. 더 이상 Olympic 종목이 아닌 것이다.
그런데도 5번째 Olympic 보드라며 내놓은 것이다. 그래서 조롱거리가 되었고
많은 사람들을 웃게 하였다.

특히 "다섯 번째 Olympic 보드"라는

단어에 예민한 반응이 나타났다. 그동안의 보드 경쟁에서 탈락되어 왔던 많은 경쟁자의 축적된 "불만"이 한꺼번에 터져 나왔다. 조롱은 극심했다. 치매 걸린 사람 이야기 같다느니 심지어 "미치광이의 광란Crazy Frenzy" 같다느니 하며 온갖 조롱을 다 퍼부으며 분풀이를 하였다.

결국에는 다섯 번째 "보드"로

그런데 참으로 희한한 일이 벌어지고 말았다.

Olympic에서 끝났다는 윈드서핑이 Olympic 종목으로 다시 살아나게 되었다. 또한 보드도 우여곡절 끝에 결국은 다섯 번째 Olympic 보드로 RS:X라는 것이 선정된 것이다.

2018년 5월 영국 London에서 열렸던 World sailing 총회에서 "미치광이의 광란" 같다는 Neil Ryde의 보드가 2024년 파리 Olympic 다섯 번째 보드로 결정된 것이다. 다섯 번째라는 어처구니 없는 역사가 된 것이다. "Neil Pryde"라는 사람이 진짜 웃기는 사람이 되었다.

RS:X 보드에 대하여 불만이 많았으나

그래도 공식적으로는 불만이 거론되지는 않았다. 그런데 RS:X를 타고 가장 손해를 많이 본 선수가 있다. 2012 London과 2016 Brazil Olympic에서 두 번이나 gold medal을 딴 네덜란드 Dorian van Rijsselberghe 라는 선수가 불만을 터트렸다. 이 친구가 불만 폭발 기화점이 되었다.

여러 군데서 RS: X 를 다시 평가해 보자고

불만이 터져 나왔다.World Sailing 이사회에서 윈드서핑장비평가위원회를 설치하고 RS:X를 포함하여 2024 Olympic 윈드서핑 장비를 전반적으로 재평가 해 보라고 하였다.

Olympic board로 결정 된 board에 대한 재평가 작업이 벌어진 것이다. 결국 영국령 Bermuda 2019 World Sailing 총회에서 iFoil로 바뀌어졌다. 극히 이례적인 일이다.

Neil Pryde는

이 친구 Neil Pryde는 뉴질랜드에서

태어나 홍콩에서 '세일 장사'를 하던 사람이다. 중국 여자와 결혼을 한 후 자기의 이름을 딴 "Neil Pryde"라는 회사를 설립한다. 사업이 번창하여 중국에 공장을 세우고 계속 번창하여 세계 12개 국가에 공장을 세우고 전 세계에 판매망을 구축한 상당한 재벌 회사로 발전하였다.

밑바닥에서 출발하여 자수성가한

사업가라서 그런지 다른 기업체 회장과는 다르다. 말하자면 아주 "실무적"이다. IOC나 ISAF, WS 등 국제회의에 빠짐없이 참가하여 실무자들과 토론하는 "실무자형" 그룹 회장이다.

윈드서핑에 대한 "꿈과 열정"이 남달랐다. 그래서 윈드서핑 Olympic 위기 때마다 "방파제" 역할을 해왔다. 이제 나이가 80을 넘어 90이 되어 기력이 점점 약해져 가고 있다. 건강하시어 계속 윈드서핑의 "방파제"가 되어 주길 기원하고 있다.

참 *어려운* "번 역"

영어를 잘 한다고 번역도 잘하는 것 아니다.
"gentlemen 정신"이 무엇인지 잘 알아야 윈드서핑 규정을 번역하기가 쉽다.

이 책은 2013년 3월에

대한요트협회에서 번역한 "요트 경기 규칙RSS" 이라는 책이다.

이 책이 나오자마자 번역에

무언가 문제가 있다면서 이 책을 "그대로 쓸 수 있겠는가?"라고 비판한 글이 협회 홈페이지에 올려와 논란이 된 적이 있다.

대한요트협회에서 참 어렵게 번역을 하고 인쇄를 하여 방금 책을 내놓았는데 이 책의 번역이 무언가 이상하다 하면서 트집을 잡아 이 책을 쓸 수가 있겠는가? 라니 참으로 기가 차는 노릇이다.

이와 같이 원문이 영어로 되어 있는

"요트경기규칙(RRS)"은 번역하기가 어렵고 말도 많다. 사실은 무슨 번역이든지 엄격히 따지면 외국어의 번역은 다 어려운 면이 있다.

만약 토를 달려면 토를 달수도 있기 마련이다. 특히 "신사정신"을 최고의 가치로 하는 요트 경기 규칙의 번역은 더 어렵다.

4년마다 열리는 Olympic 경기가

끝나면 다음 Olympic 때까지 4년간 사용할 새로운 규칙을 제정한다. World Saling(세계요트연맹), 즉 옛 ISAF 에서는 "경기규칙(RRS)"을 새로 제정하여 곧바로 공포한다. 새 규칙이 나오면 세계 각국에서는 서둘러 이를 번역한다. 대한요트협회에서도 이번에 서둘러 번역을 한 것이다. 향후 4년 동안 국내 대회 경기에 적용하여 쓰게 될 새로운 규칙이다.

그런데 그냥 트집을 잡는 것이

아니고 구체적으로 30가지 사항을 지적해 놓았다. 심지어 다시 번역을 하라고 까지 하였다. 그러나 근본이 잘못된 것은 아니어서 대한요트협회에서는 새로 번역

하지는 아니하였다. 새로 번역한다는 것은 쉬운 일이 아니다.

"경기규칙RRS"의 규칙집 번역 논쟁은
그 역사가 참 오래 된다. 그냥 넘어 가기도 하였지만 조금씩은 시끄러웠다. 대한
요트협회 1992년 판은 하도 시끄러워 규칙집을 펴냈다가 다시 인쇄한 적도 있
었다.

번역을 두고 이러니 저러니 토를
다니 기가 차기는 하다. 하지만 긍정적인 면이 전혀 없지는 않다. 그만큼 완숙해
지는 면도 있기 때문이다.

현재 우리나라 나라에는 "요트경기규칙"을
아예 상설적으로 감수하는 사이트 까지 나와 있다. naver cafe.com/rrskr 이다.

요트경기 규칙(RRS)은 Olympic 이 끝나면
새로운 규칙이 나온다. 4년마다 한 번씩 새로 나온다. 그래서 4년마다 한 번씩 새
로 번역을 하여 4년 동안 사용하는 것이다.

4년마다 한 번씩 번역을 해 놓으면
그만인데 무슨 상설 번역 감시기관이 왜 필요하느냐고 의문이 생긴다. 번역을 해
놓았지만 생각해 보면 상황 변화에 따라 애매하거나 적당하지 않는 경우가 생길
수 있다. 용어에 있어 번역을 하지 않고 원어를 그대로 사용하는 것이 오히려 더
좋지 않나 하는 느낌이 자주 들기도 한다.

4년 내내 번역 준비를 해야

4년마다 새로운 규칙이
나오니까 번역 또한 4년마다 새로 작업을 해야 한다. 영어 실력이 좋다고 번역을 잘 하는 게 아닐 것이다. 영어 실력보다는 개정을 하게 되는 그 배경이라든지 규정에 관련한 정보를 확보해가는 것이 더 좋은 번역이 될 수 있을 것이다.

요즘 세상은 '정보 전쟁'이라지만
4년 후 새 규정이 나올 때까지 기다릴 것이 아니라 Olympic이나 세계선수권대회 등 메이저 대회의 운영과 심판에 따른 정보자료들을 획득하여 면밀히 검토해 가면서 앞으로 개정될 요트 정보를 축적해 가는 것이 좋을 것이다.

4년 내내 번역을 위한 정보 자료가
축적되어 새로 나오게 될 규정이 어떻게 바뀔 것인지 대략 예측 가능하게 되면 그때서야 좋은 번역이 될 수 있다는 것이다. RSS에서는 "신사정신"을 최고의 가치로 하고 있다. 그러나 요트경기에서는 신사정신을 위배하지 않으면서도 상대방을 공격하는 것이 최고의 전략이다.

세계 각국에서 RSS에 관한 한
글자 하나하나를 그야말로 "현미경적"으로 자세히 분석 검토하고 연구하는 것도 바로 이와 같은 이유에서이다. 이 신사정신의 반칙을 피하면서 최대 공격 기법을 발굴하는 것이 최고의 전략인데 번역이 어려운 것도 이와 전혀 무관하지는 않다.

경기장 "신호기들"

© James Briggs

바다에서 경기를 하기 때문에 "마이크"가 들리지 않는다. 마이크 대신에 "신호기"를 올려놓고 신호기에 따라 경기를 진행한다.

윈드서핑 경기는 "깃발 신호기"로

경기를 한다. 우선 경기 시작 전에 "준비 신호기"가 올라간다. 곧 경기를 할 테니까 준비를 하라는 것이다. 선수들은 경기 준비를 한다. 방송을 하기도 한다. 그러나 방송은 잘 들리지 않을 수도 있고 또 모두가 듣지 못할 수도 있다.

그래서 선수들은 경기 중에도

심판정에서 올라오는 이러한 신호기를 계속 보면서 경기를 해야 한다. 경기 중에도 무슨 신호기가 올라가는지 계속 쳐다보아야 한다.

가령 "탕" 스타트 출발 신호가

울려 출발을 했다고 하자. 스타트가 되면 일제히 죽을 판 살판 전 속력을 내어 "돌진"을 할것이다. 그런데 돌진하면서도 심판정에 올리는 신호기를 계속 보면서 돌진을 해야 한다.

만약 이런 ▷ 깃발이 올라

가면은 그때는 바로 STOP 해야 한다. 이 신호기는 방금 한 스타트는 무효이고 다시 스타트를 할 것이라는 신호이다. GRgeneral recall이라는 신호기이다. 선수들은 돌진을 멈추고 되돌아와서 다시 스타트 준비를 해야 한다. 선수들 김 빠지게하는 신호이다. PWA 경기에서는 3번씩 4번씩 이 general recall을 하기도 한다. 그러면 선수들은 죽는다.

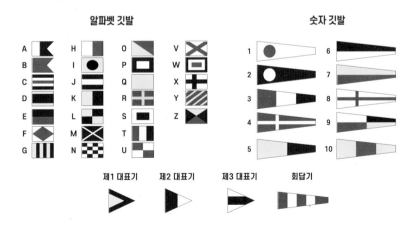

이와 같은 신호기는 총 28개가 있다.

선수들은 다 외우기를 참으로 어려워한다. 그러나 준비, 연기, 출발, 리콜 등 최소 10개 정도는 알아야만 경기를 할 수가 있다.

소리 신호

"소리 신호"도 있다.

신호기 깃발을 올리거나 내리면서 "빵" 터지는 "소리 신호"를 함께 내기도 한다.

'빵' 한번만 내기도 하고 "빵", "빵" 두 번 내기도 한다. 또 어떤 때는 "빠~앙" 하며 좀 길게 하기도 한다. 그때마다 그 의미가 다 다르다. 이 혼 나팔위에 누르는 "버튼"이 있다. 이 버튼을 꼭 누르면 "빵" 소리가 나온다.

풍속계

바람이 어느 정도 세게 부는지 세기를 측정하는 것이다. 경기 중에 풍속계도 큰 역할을 한다.

경기 중에 바람이 약해지면 그 경기가 무효가 되기도 한다. PRO들 경기인 PWA 경기에서는 이 바람의 속도를 내내 측정을 하고 있다. 바람 속도 때문에 시비가 많이 일어난다. 경기 중에 바람이 7노트 되나 안 되나 내내 측정을 하는 것이다. 7노트가 안되면 무효가 되기도 한다.

다양한 풍속계

"VIP 거물들" 초청 만찬

대부분 VIP들은 한국에 처음 온 사람들이었다. 쪼그리고 앉아 식사를 했다. 쪼그리고 앉아 식사한 것이 평생 처음이라며 잊지 못할 추억으로 기억하고 있다.

월드세일링(World Sailing) 연차 총회를 한국에서
개최한 적이 있다. 그때는 요트를 통괄하는 국제기구가 World Sailing이 아니고
ISAF이었다. "2009 ISAF 정기 총회"를 2009년 11월 8일 부산 파라다이스 호텔
에서 개최한 것이다. 한국 요트 역사에 남은 큰 행사 중 하나다.

이때 전 세계 요트 관계 VIP는 물론 윈드서핑 VIP들도 부산에 다 모였다.
모처럼 기회인 점을 감안하여 윈드서핑 VIP들을 모시고 만찬 파티를 한번 베풀기
로 계획을 세웠다. ISAF 총회 개회 하루 전날인 2009년 11월 7일 한국윈드서핑
협회에서 "ISAF 윈드서핑 위원"들을 해운대 한 음식점으로 초대하여 만찬을 베풀
었다.

그때 윈드서핑위원회는 회원이
총 18명이었는데 15명이 참석했다. 그 유명한 Neil Pryde도 참석하였다. 그는
ISAF 위원은 아니었지만 그때 부산에 왔었기 때문에 특별히 초대하였다. ISAF 위
원들의 국적은 서로 다 달랐고 그들의 반 정도는 한국 땅을 처음 밟아 본다고 하였
다. 식당은 ISAF 회의장이 가까운 해운대에 있는 "한정식" 집을 선택했다.

그런데 문제가 생겼다.
그때만 해도 우리나라 식당에서 의자를 별로 사용하지 않는 그런 시기였다.
그런데 서양 사람은 쪼그리고 앉는 습관이 없으니까 좌식으로 앉는 것이 큰 문제
가 되었다. 그래서 의자에 앉아서 식사하는 식당을 찾아 봤다. 당시 해운대 일대
에서는 그런 식당을 찾을 수 없었다. 어쩔 수 없이 그냥 방바닥에 앉아 식사하는
식당을 선택할 수밖에 없었다.

파티를 마치고 나니까 평생 처음으로 쪼그리고 앉아 보았다는 의원들이 많았다. 엄청 큰 고생을 하였다고 야단들이었다. 농담이지만 너무 아파 병원에 가보야 할 것 같다는 이도 있었다.

2009년 ISAF 윈드서핑 부산 회의는
카이트(kite)가 ISAF 종목의 하나로서 윈드서핑 안으로 들어온 이후 첫 회의였다. 회의는 내내 카이트에 대해 토의 하는 것이 전부였다. 윈드서핑의 규정들이 Kite 에는 잘 맞지 않는다며 윈드서핑 규정을 여기저기 뜯어고쳐 달라는 요구가 엄청 나게 많았다.
회의 중 발언을 많이 하는 사람은 2006년 "강릉 세계 대회"에 우리가 초청을 한 바 있는 영국인 Ceri와 벨기에인 Bruno였다. 이 두 사람이 발언의 독무대를 차지 하여 우리들의 입가에 미소를 머금게 하였다.

"한정식 만찬"을 하면서 불편하게
쪼그리고 앉은 것이 얼마나 고생이었는지, 모든 회의를 마치고 본국으로 돌아가 서도 이 쪼그리고 앉아 고생한 이야기가 계속 나왔다.

만찬 파티에 참석한 Neil Pryde

Windguru

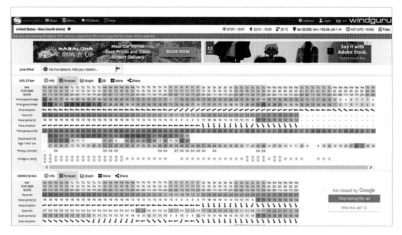

엄청 발달한 일기예보 system도 많다. 하지만 윈드서핑 타는 사람들은 오로지
windguru라는 일기예보 system만 본다.

"바람"이 불어야만 윈드서핑을 탄다.

바람이 안 불면 윈드서핑을 타지 못한다. 그래서 윈드서핑 타는 사람들은 항상 '일
기예보'를 본다. 오늘 바람이 부느냐? 내일은 어떤가? 이번 주는? 다음 주는? 윈
드서핑 타는 사람들 화젯거리는 내내 바람 이야기다. 바람 소식이 제일 궁금하기 때
문이다.

262
PART 4

우리나라는 물론 세계 각국은

'일기예보' 시스템이 잘 되어있다. 그런데 윈드서핑 타는 사람들은 이러한 일기예보를 잘 보지 않는다. 윈드서핑용 일기예보인 "Windguru"라는 것을 본다.

요즘은 과학이 발달하여

좋은 일기예보 시스템이 상당히 많다. Windguru보다 더 좋고 이름난 시스템도 많이 있다. 세계적으로 가장 많이 쓴다는 Global Forecast System GFS 모델이나 MM5도 유명한 것으로 알려져 있다. 하지만 윈드서퍼들은 오로지 Windguru만을 사랑하고 Windguru만을 본다.

이것은 한국뿐만 아니라 전 세계에서

윈드서핑을 타는 사람들은 다 마찬가지다. 모두 이것을 본다. 윈드서핑의 프로 대회인 PWA대회나 세계선수권대회 같은 데서도 다 이 Windguru를 본다. Windguru 사이트의 도메인 이름을 보면 끝에 접미사가 ".cz"로 표시되어 있다. cz는 체코이다. 체코 남자인 Václav Horník가 시작하였다. 그는 1974년 6월 1일에 태어난 바람 전문가였는데 윈드서핑과 많은 인연을 맺게 되었다.

Windguru가 알려주는 것은 단순하다. 윈드서퍼들이 알고자 하는 바람의 세기, 방향, 날씨, 온도 등 기본적인 정보를 단순하고 명쾌하게 알려준다. 윈드서퍼들은 3시간 단위로 멋지게 제공해주는 이 Windguru에 취해 있는 것이다.

Windguru를 처음 시작한
V clav Horn k

"누가" 발명했나?

원드서핑을 최초로 탄 사람들   자료 : Michigan Windsurfing

Hoyle Schweitzer   **Jim Drake**

자기가 최초로 "윈드서핑"을 발명했다는 사람들이 많다. 다들 근거를 제시하고 있다. 그래서 "특허 등록"의 중요성을 일깨워 준다.

자기가 "windsurfing"을 세계 최초로

발명했다는 사람들이 많다. 다들 근거가 있고 또 증거도 많다. 그래서 누가 최초

발명한 것인지 참 골치가 아프다.

파도를 타는 서핑보드(surfboard)는 옛날부터 있었다. 이 서핑보드 위에 세일을 꽂으면 일단은 윈드서핑(windsurfing) 비슷하게 된다. 이렇게 해서 많이들 타 보려 하였다. 그러나 잘 타지지는 않았다. 그동안 이런 식으로 보드에 세일을 꽂아서 그럭저럭 많이 타 보기도 하였다.

이렇게 탄 사람들이 다 자기가 최초라고들 한다.
하지만 보드에 세일을 꽂아 타기는 했지만 세일이 고정되어 있어 세일을 마음대로 움직일 수가 없었다.

Jim Drake와 Hoyle Schweitzer가 마음대로
움직일 수 있는 조인트(joint) 라는 것을 만들었다. 이 조인트를 활용해 세일을 보드에 고정해 놓아도 마음대로 움직일 수 있게 만든 것이다. 360도 회전이 되어 희한하게 탈 수가 있었다.

여러 사람이 시도하였으나 성공하지 못한 것을 Jim과 Hoyle가 드디어 성공을 한 것이다. 특허로 등록을 하였다. 유명한 특허 US3487800 A이다. 이것으로 진짜 윈드서핑이 탄생하게 된 것이다. 앞의 사진은 60년대 Original Windsurfer를 탄생시킨 축하 기념사진이다. Pacific Palisades의 칵테일 파티에서 윈드서핑 특허를 낸 Jim Drake와 서퍼 Hoyle Schweitzer가 보인다.

그런데 surfboard 위에 sail을 꽂아
탄 사람들이 자기가 최초 발명자라지만 자료를 조사해 보면 전혀 엉터리 주장은 아닌듯 하다. 그 사람들 중에는 실제로 윈드서핑 비슷하게 그럴듯하게 탄 사람도

많이 있었다.

일찍이 1958년에 Newman Darby이
만들었다는 윈드서핑은 상당히 그럴듯했다고 한다. 여러 자료에 의하면 조인트
방식은 아니나 세일을 움직이게 하여 탔던 것으로 보인다. 실질적으로 Newman
Darby가 특허 등록만 했다면은 최초 윈드서퍼일 것이라고 하는 사람들이 많다.
최초의 윈드서핑 발명자 같아 보이는데 특허가 없으니 어쩔 수 없는 상황이다.

Newman Darby

그 외에도 최초라고 하는 사람들은 많다.
좀 그럴듯한 사람은 Peter Chilvers라는 사람이다.
이 사람이 윈드서핑을 만들어 탔다는 신문기사라
든가 여러 가지 증거 자료가 많다.

Peter Chilvers에게는 왼쪽 페이지 하단의 신문 기사와

같이 자료가 많다. Lotus의 엔지니어였는데 런던에서 윈드서핑을 사업한다며 윈

드서핑 센터까지 설립했다. 그러나 이 센터를 둘러싸고 소송이 붙었는데 80년대

까지 오래동안 이어졌다.

누가 최초 윈드서핑의 발명자인가?

라는 문제는 흥미진진한 "화젯거리"가 되고 있다. 알쏭달쏭한 면이 많기 때문이

다. 그래서 "윈드서핑 발명자는 누군가?"라는 테마의 다큐멘터리(documentary)

로 만들어진 작품까지 등장을 하는 판이 되었다.

Bill Weir라는 작가가 쓴

〈바람과 물 - 윈드서핑의 발명 이야기〉라는 '다큐멘터리'이다. Bill Weir는 사람들이

서핑보드 위에 세일을 달고 바람을 받아 타기 시작한 것은 1930년부터였다고 한

다. 사실은 그때부터 이미 "윈드서핑"이라는 것을 만들어 타기 시작했다는 것이다.

이 '다큐멘터리'에서는 자기가

처음으로 윈드서핑을 발명했다는 사람들 이름이 거의 다 나온다. Newman

Darby와 Peter Chilvers은 물론 그 이외도 Diane과 Hoyle Schweitzer, Jim

Drake, Arnaud de Rosnay, Richard Eastaugh 등의 이름이 모두 등장한다.

이들은 모두 보드 위에 세일을 꽂아 탔다. 하지만 특허를 등록한 Hoyle Schweitzer

와 Jim Drake 이외 누구를 최초라고 할 수 있겠는가? 라는 결론을 내고 다큐멘

터리는 끝이 난다.

서프보드(surfboard)에다 세일(sail)을 꽂아 타는 것이 "윈드서핑"이다. 그동안 그렇게 많이 탔다. 그래서 자기가 최초라는 사람이 많다.

Windsurf "외국어 연수"

님도 보고! 뽕도 딴다! 윈드서핑 어학연수는 윈드서핑도 배우고 어학연수도 된다. 한번 가서 프랑스어, 스페인어 등 여러 개의 외국어를 배워 보기도 한다.

windsurfing language course

"해외 윈드서핑 어학연수"라는 것이 있다. 외국어로 windsurfing을 배우는 연수이다. 윈드서핑을 배우면서 어학연수를 겸하는 "윈드서핑 어학 프로그램"이라고 할 수 있다. 요즘 전 세계적으로 젊은 층 사이에 이것이 뜨고 있다. 새로운 추세다. 일본 윈드서퍼들이 많이 가는 모양이다. 일본 윈드서핑 잡지에 이 광고가 보인다.

요즘 세상은 급변하고 있다.

해야 할 일도 점점 많아지고 있다. 외국어의 필요성도 더욱 더 절실해지고 있다. 대학생들이 방학을 이용하여 각종 어학연수를 떠나는 경우가 많다. 어학연수를 하면서 윈드서핑도 배우는 어학연수 스타일이라 할 수 있다. 우리나라 대학생 윈드서퍼들도 관심을 가져 볼 만하다.

일반 language course는 대개

길지만 이러한 windsurfing language course는 연수기간이 비교적 짧은 편이다. 그리 길지 않다. 대개 1주일에서 3주일 정도로 단기간이다. 외국어를 배운다기보다는 윈드서핑을 통하여 그 외국어를 체험해 보는 정도다.

윈드서핑 어학연수를 떠나기 전에 국내에서 윈드서핑을 조금은 타보고 가는 것이 좋을 듯하다. 특히 보드나 세일 부품의 각종 명칭 같은 것은 미리 해당 외국어로 익히고 가는 것이 좋을 것 같다.

Course 다양화

외국어 연수에 관한 한 전 세계

각국에서 수없이 많이 시행하고 있다. 어학연수 기관도 전 세계적으로 수없이 많다. "windsurfing language course"는 이러한 외국어 어학연수 기관에서 어학연수의 한 수단으로 "윈드서핑"을 이용하는 것 같아 보인다. 그래서 윈드서핑보다는 어학연수에 비중이 더 큰 듯하다. 윈드서핑도 잘 타는 사람보다는 초보자를 환영하는 분위기다.

어떤 연수 기관에서는 여러 개의
외국어를 골라서 윈드서핑을 가르치기도 한다. 한번 해외 나간 김에 윈드서핑을 통해 몇 개 외국어 맛을 체험해 보기도 한다. 한 개의 외국어 코스를 수료한 다음 또 다시 다른 외국어로 윈드서핑 연수를 한 번 더 하고 오는 것이다. 두 번째 외국어 연수를 할 때는 할인까지 해주며 권장하기도 한다.

"자신감"을 얻는 좋은 기회

우리나라 윈드서핑 선수들은
국제 대회에 나가서 우선 외국어에 대한 "자신감"부터 가져야 할 것이다. 외국어에 자신감이 없으니까 국제 경기에 가서 그 귀중한 skipper 회의를 등한시 하는 것을 볼 수도 있는데 무척 안타까운 현실이다.

외국어가 하루아침에 잘 되지는
않을 것이다. 그러나 비록 영어는 잘 못한다 할 지라도 skipper meeting 내용만은 완전히 파악할 것이라는 마음을 먹고 자신감을 가져야 한다. 외국어에 자신감을 가지기 위해서는 외국인과 접촉하는 기회가 많을수록 좋을 것이다. 우선 외국어에 기가 죽지 말아야 한다. 이러한 자신감을 늘리기 위해서라도 "windsurfing language course"에 한 번씩 가볼 만한 것으로 생각한다.

Windsurfing language course

 불어 과정
https://www.languagecourse.net/schools--martinique/_french--
windsurfing

 스페인어 과정
https://www.adrenaline-hunter.com/en-GB/activity/spain/tarifa/
windsurfing/windsurfing-course-for-beginners-in-tarifa/3692

 그리스어 과정
https://www.goabroad.com/providers/frontier/programs/greece-learn-
to-windsurf-123555

 러시아어 과정
http://www.studyglobal.com/courses/adults/english/malta/sliema/inlingua-
malta/courses/windsurfing.htm

 포루투갈어 과정
https://www.golearnto.com/course/overview/171/
beginners+windsurfing+course

영어 과정
https://www.alphaschoolmalta.com/289.html

영어로 하니까 **골치야 !**

영어로 skipper meeting을 해서 골치가 아프다. 영어가 잘 안 들리니 외국 선수 하는 걸 봐
가면서 그들을 따라 경기를 하기도 한다. 그만큼 불리하다.

요트 경기는 경기를 시작하기 전에
항상 "스키퍼 미팅(skipper meeting)"이라는 것을 한다. 그날 경기를 어떻게 진행
할 것인가 하는 "경기 요령"을 설명해 주는 것이다
이거야말로 참으로 중요하다. 아무리 중요하다고 강조를 해도 모자랄 것이다.

국내에서 경기를 하면 선수들은 스키퍼 미팅에 빠짐없이 다 참석하여 그날 경기 요령을 다 듣는다.

그런데 문제는 외국에서 경기할 때다.
외국에서는 영어로 한다. 그렇기 때문에 가서 들어봐야 잘 안 들린다. 경기하는 방식은 그게 그것이기 때문에 스키퍼 미팅을 등한시 하기도 하는 것이 문제다.

울산 PWA 국제 대회를 시작한 지
20년이 되어 간다. 국제 대회니까 스키퍼 미팅은 영어로 한다. 영어로 하니까 우리 선수들에게는 영어가 잘 들리지 않아 안타깝기만 하다. 그날 경기 요령이 쏙 들어 오게 잘 이해가 되지 않는다. 골치가 아프다. 이것은 비영어권인 동양 선수에게는 모두 다 같은 안타까움이다.

하지만 그 경기에 출전을 하는 선수는 외국어가 잘 들리지 않는다고 할지라도 그 내용만은 확실하게 이해를 한 후 경기에 임해야 할 것이다 그래서 우선 선수는 어떠한 수단과 방법으로 동원하여서라도 반드시 완전히 이해를 해보겠다고 마음을 먹는 것이 중요하다. 경기를 하면서 외국 선수들이 하는 것을 봐 가면서 눈치껏 적당히 따라하면 될 것이라는 생각은 절대 해서는 안 된다.

밀려오는 파도나 불어오는 바람은 항상 똑같은 날이 없다.
요트 경기는 이러한 변화무쌍한 환경 속에서 치러진다. 언제나 오른쪽으로 돌아가지만 그날 하루만은 왼쪽으로 돌아갈 수도 있는 것이다.
스키퍼 미팅 때 설명한 이러한 내용을 완전히 이해하지 못한 채 경기를 하게 되면 오른쪽으로 돌아가다가 뒤따라 왼쪽으로 돌아가기도 한다. 뒤늦게 돌게 되면 그만큼 늦어진다.

영어가 서툴러 내용이 확실히
이해되지 않으면 비록 서툰 외국어라 할지라도 끝까지 물어봐야 한다. 주위 사람들에게 외국어가 서툰 사람이 지나치게 묻는구나 하는 느낌을 준다고 할지라도 완전히 이해가 될 때까지 묻고 또 물어봐야 한다.

이렇게 외국어가 서툴러 다른 선수들 눈에 흉하게 보이는
것은 작은 애로 사항일 뿐이다. 스키퍼 미팅 내용의 인식에 관한 한 이유 여하를 불문하고 무조건이고 절대적이다. 경기장에서 영어가 서툴러 다른 선수에게 부담을 주는 것은 결코 흉이 아니다. 어쩔 수 없는 것이다. 경기 운영자도 선수들을 이해시켜 줄 의무가 있기도 한 것이다.

외국 국제 대회에 나가보면 간혹
우리 선수들이 스키퍼 미팅에 불참하는 예도 볼 수가 있었다. 비록 외국어를 전혀 못한다 할지라도 미팅에는 반드시 참석해야만 한다. 손짓 발짓하는 모습만이라도 보고 와야 한다. 영어가 안 들려 전혀 이해를 못 한다 할지라도 꼭 참석하여 현장에 앉아 있어야 한다. 대화는 입으로나 말로만 하는 것이 아니다. 몸짓 언어(body language)라는 것도 있다. 의사소통에 있어 75%가 몸짓 언어를 수반한다고 한다. 참석을 하면은 뭔가는 떨어진다. 우리 선수들이 국제 대회에서 'skipper meeting'을 등한시 하는 것을 보고 참으로 가슴 아팠다.

이에 반해 일본 선수들이 스키퍼 미팅에 대하여 생각하는 것에 놀라운 면이 있다.

울산 PWA에는 일본 선수들이 많이 온다.

일본 선수들에게 영어가 어렵기는 우리와 마찬가지다. 사실 일본 선수들은 우리보다 영어를 더 못하는 것 같기도 하다. 그런데 일본 선수들은 스키퍼 미팅 내용만은 어떻게 해서라도 꼭 다 알려고 하는 그런 면을 보이고 있다.

일본 선수들은 울산 PWA에서

우선 스키퍼 미팅에 관한 생각이 우리와는 좀 다르다는 느낌을 받게 한다.

우선 자리를 제일 앞쪽에 잡는다. 그리고 선수들의 그 눈동자가 다르다는 느낌을 줄 정도로 긴장하는 모습을 볼 수 있다.

일본 선수들은 진하 경기장에 와서 텐트를 잡는데

30여 개의 텐트 중 언제나 본부석 바로 옆에 있는 바로 그 텐트를 잡는다. 본부의 바로 옆에 있는 "1번 텐트"와 "2번 텐트"를 일본 선수들이 꼭 차지하는 것이다.

1번과 2번 텐트는

경기 운영 본부 바로 옆에 같이 붙어 있다. 마치 경기운영본부와 서로 같은 사무실을 쓰고 있다는 느낌을 준다. 그래서 스키퍼 미팅을 자기들 텐트에서 하는 느낌이 든다. 스키퍼 미팅이 끝난 후에도 텐트에 앉아 있다가 스키퍼 미팅을 진행한 그 운영 요원과 무언가 소곤거리며 물어 보기도 한다.

또 게시판도 바로 1, 2번 텐트 바로 옆에 있으니까

경기 진행에 따른 여러 가지 정보를 제일 먼저 알게 된다. 게시판에 누가 무엇을 붙이면 달려가서 그 사람과 무언가 이야기하기도 한다. 일본 선수들은 이처럼 스키퍼 미팅 등 경기 운영 정보 취득을 위하여 교활(?)하지 않나 하는 느낌까지 들게 한다.

교활하다는 느낌까지 들게 하지만
수단과 방법을 가리지 않고 경기 운영 요원들과 최대한 가까이 접근하여 스키퍼 미팅 내용만은 확실히 이해를 하려고 노력하는 모습을 우리는 생각해 볼 만하다.

skipper meeting에서 설명 도중에
경기 운영자가 유독 일본 선수들에게만 간혹 "이해가 다 잘 되었습니까? 지금 설명한 것 다 알겠습니까?"라고 되물으면서 일본 선수들이 이해를 하는지 못하는지 되묻는 광경도 종종 볼 수가 있었다. 이것은 일본의 국력 때문이 아니다. 일본 선수들이 외국어가 서툴지만 skipper meeting에서만큼은 그 내용을 확실히 이해하려고 묻고 또 물어왔기 때문이다.

2019년에는 1, 2번 못 잡아

그런데 2019년에는 일본 선수들이
1번, 2번 텐트를 못 잡았다. 지금까지 12년 동안 매년 1번, 2번을 잡아 사용해 왔지만 20년 만에 처음으로 1번, 2번 텐트를 잡지 못했다. 프랑스에 빼앗겼다. 프랑스 선수들이 1번, 2번 텐트를 차지했다. 2019년 일본 선수들은 저 멀리 팔각정 옆 제일 구석 텐트로 밀렸다. 가장 나쁜 위치이다.

본부석 옆 1, 2번 텐트를 차지하기가 쉽지는 않다.
하지만 일본 선수들은 그동안 20여 년 동안 1, 2번을 차지하기 위하여 한국에 제일 먼저 도착했다. 제일 먼저 도착하여 1번, 2번을 차지해 온 것이다. 어떤 때는 너무 빨리 와 텐트를 치기 전에 도착하기도 하였다. 아직 텐트가 없을 때는 본부석 옆 1번, 2번이 예상되는 장소에 장비를 미리 먼저 갖다 놓는다. 그러고 나서 여기 가 일본 선수 텐트 자리라고 "팻말" 을 딱 붙여 놓는다.

비영어권이면서 영어가 다 같이 어려운 상황인데도 불구하고 일본 선수들이 스키 퍼 미팅 내용만은 어떻게 해서라도 파악하려고 노력하고 있는 점을 우리는 눈여 겨 볼 만하다.

일본 선수들은 20여 년간 본부석 옆 1번, 2번 텐트를 차지해 왔다.

눈물겨운 VICTORY !

남자가 "눈물" 흘리며 운다는 것은 쉽지 않다. 연속적으로 '애국가'가 울려
퍼지고 '태극기'가 올라가자 모두 함께 얼싸 안고 '눈물'을 흘렸다.

우리나라의 요트 역사 속 감격적으로

눈물겨운 "VICTORY"가 있었다. 1998년 11월 방콕 Asian Game 요트 경기였다.

너무 감격하여 모두가 부둥켜안고 눈물을 흘렸다.

방콕 Asian Game 시상식이 시작되었다.

한국의 김숙경 OP 여자 선수가 1등을 하여 제일 먼저 금메달을 받았다. 금메달을 목에 걸었을 때 시상대에서는 태극기가 서서히 위로 올라가고 "애국가"가 흘러 나왔다. 한국의 OP 시상이 끝나고 다음 종목의 시상을 하는데 그 다음 종목도 또 한국선수 금메달이었다. 그런데 이 종목이 끝나고 다음에서도 또 한국선수 금메달이었다. 이와 같이 연속적으로 태극기가 올라가고 계속 애국가가 흘러나왔다.

숨 막히는 감격적인 시상식이 끝나는
순간 모두가 서로 부둥켜안고 눈물을 흘리며 "울음바다"가 되었다. 우리 요트에 어떻게 이렇게까지 감격적인 "VICTORY" 승리가 다 있을 수 있는가 싶었다. 그때 Asian Game에서 요트 종목의 금메달은 총 11개를 얻을 수 있는데 그 중 6개를 우리 선수들이 목에 걸고 왔다. 전체의 반이 넘는 숫자였다.

생각해보면 그때 그 승리는 우연이
아니었다. 모든 요트 행정이 체계적이었고 결코 일시적인 것이 아니었다. 그때 "요트협회"는 역사상 가장 안정적인 협회였다. 선수들을 Asian Game에 출전 시키면서 협회에서 이때만큼 야심차게 준비한 적이 없었다.

우선 "전담 코치제"라는 것을 새로 만들어서 종목별로 코치를 임명하였다. 전담 코치들을 선수들과 함께 모두 해외 경기에 투입 시켰다. 경기 장소인 태국 파타야 Satttahip 요트 경기장에도 40여 일 전에 미리 출발을 시켜 현지에서 적응 훈련을 하도록 하였다. 또 해상의 조류 상황을 비롯하여 지역, 바람 등 기본적인 사항에 관한 현지 조사를 실시하게 하고 보고서를 작성하여 제출하도록 하였다.

본인이 그곳 현장을 방문하였을 때는

선수들이 이곳에 도착한 지 20여일 쯤 지난 때였다. 그래도 외국까지 왔는데 선수들은 외국 구경이라도 한번쯤 해보고 싶었을 것이다. 그러나 한 번도 외출을 한 적이 없었다. 단지 "지옥 훈련"만 계속 하고 있었다. 그때 그 눈물겨운 승리는 우연히 온 것이 아니었다. 출전 국가 수도 많았고 출전 선수들도 많았다.

당시 "영광의 승리"를 이끈 전담 코치들은
윤순식, 박병기, 박길철, 정홍제, 박진우, 김정철이었다. 금메달을 수상한 선수들은 OP(여) 김숙경, Laser 김호곤, 470 이대영 정성안, OP(남) 채봉진, OK 딩기 진홍철, 엔터프라이즈 정윤길, 임진영이었다.

한국 요트 역사에 그야말로
참으로 찬란한 승리였다. 감격적인 VICTORY였다. 또다시 감격적인 우리 요트의 VICTORY가 가까워지고 있는 느낌이다. 며칠 전 오스트레일리아 시드니에서 개최된 Sail Sydnes에서 하지민 선수가 1위를 하였다. 이미 4년 전 전 세계가 한국의 RS:X 조원우 선수가 Olympic 메달을 딸 것이라고 기대한 바도 있었다.

이제 우리 한국의 요트는 그동안 어두운 터널에서 벗어나 2024 Paris Olympic에서 또 다시 찬란한 VICTORY를 기대해 본다.

부끄러운 Olympic Report !

World Sailing 홈페이지에 게제된 88 Seoul Olympic Report

1988 SEOUL OLYMPIC SAILING COMPETITION

Home	Venue	News	Documentation	Photo Gallery	Media	Registration

INTRODUCTION

GAMES OF THE XXIVTH OLYMPIAD SEOUL 1988

REGATTA DETAILS

START DATE	20 September 1988
END DATE	27 September 1988
ISAF ID	KOR198809OTO
VENUE	Pusan
COUNTRY	Korea
ENTRY NAME	
ENTRY ADDRESS	
TEL	
FAX	
EMAIL	
WEBSITE	www.sailing.org/olympics
REGISTRATION LISTS	n/a

The IYRU (which became ISAF in 1996) decided to address the paltry numbers of women in Olympic sailing by adding an eighth event, a 470 division for females. Americans Allison Jolly and Lisa Jewel were the first winners in the 21-boat fleet.

All this took place in Pusan, South Korea's second city after the capital Seoul, where the main Games were, and the country's major port. Until the country was awarded the Games in 1981, recreational sailing really hadn't taken root in South Korea and the Korea Yachting Association existed in name only.

Pusan posed interesting questions about tide in an area for which there was little data and teams had not started the large scale met. programmes that are now considered essential. This is one reason why Britons Mike McIntyre and Bryn Vaile surprised many by taking the gold in Star class, splitting from the fleet and looking for turning tide to win the last race. It was their second win of the series. Playing into British hands was the fact that American Mark Reynolds and Canadian Ross McDonald both failed to finish the rugged final race.

Spain's Jose Luis Doreste made a seamless transition from the 470 in which he'd won gold in 1984 to earn a second gold in the Finn ahead of US Virgin Island Peter Holmberg and Kiwi John Cutler.

Two of the all-time greats in the Soling class, Jochen Schuemann (from what was still East Germany) and Dane Jesper Bank sandwiched American silver medallist John Kostecki. The Schuemann versus Bank contest was to run all the through to the final leg of the final race of the 2000 Olympics in Sydney after which the Soling was dropped. By then, Bank had added the 1996 and 2000 gold to his bronze and Schumann a further gold and silver.

Brazil celebrated for not only did Torben Grael gain the bronze in the Star, but brother Lars got the same medal in the Tornado class.

France had won one medal since 1932 - Serge Maury's Finn gold in 1972 - until Thierry Peponnet burst onto the scene and having won the bronze in the 470 class in Los Angeles, together with crew Luc Pilot, Peponnet got the gold in Pusan.

PHOTO GALLERY   LATEST NEWS

우리는 88 Seoul Olympic을 개최한 것을 자랑스럽게 여기지만 World Sailing의 Olympic Report 는 참으로 부끄럽게 한다.

1981년 9월 30일 오후 3시 45분,

독일 바덴바덴 IOC 총회에서 88 하계 Olympic 개최 장소가 서울로 결정되었다는 소식이 들려왔다.

가난했던 동양의 작은 나라 대한민국에 엄청난 햇빛이 비쳐온 것이다. 온 국민의 가슴은 벅찼다.

당시 사마란치 IOC 위원장이 투표 결과를 보고 발표하면서 개최지를 "쎄울"이라고 발음하였다. 그 후 "쎄울", "쎄울"이라는 단어를 연속하여 반복 외치는 모습을 보면서 모두들 감격해 하였다.

이제 우리나라에서 Olympic 요트 경기를 치르게 되었다.

하지만 당시 우리나라 요트 수준은 모든 것이 너무 미약하였다. Olympic에 출전해 본 적이 없었으며 국제 무대 진출을 너무 등한시 해 당시 요트 국제 부문은 부끄러울 정도였다.

국제 관계에 관한 한 사실상 전무한 상태라 볼 수도 있었다. 국제 심판이 한 사람도 없었다. 요트 관계 일로 외국에 나가 국제 회의에 참석을 해 본 사람도 거의 없었다. 이종구 씨가 출전한 예는 있지만 우리나라 선수가 해외에 나가 '국제 경기'에 출전한 사례도 거의 없었다.

어쨌든 우리나라에서 Olympic 경기를 치르게 되었으니까 이제는 준비를 해가야만 했다. 우선 요트의 전문가적 시각에서 국제 심판이나 경기 운영자 등 전문가들을 양성해야 함은 물론 국제 관계도 넓혀가야만 했다.

Olympic 유치가 결정된 이후 대한요트협회 회장으로 취임한 대우의 김우중 회장은 요트 경기장 건설에만 주안을 두고, 전문가적 시각으로 요트 발전을 위한 제도 개선이나 대외 국제 관계 개선 등을 등한시 하였다.

우선 요트 경기장이 건설이 추진되었다. 1986년 부산 Asian Game 직전에 수영 요트장이 완성되어 Asian Game도 새 요트장에서 치렀다.
세월은 빠르게 흘러가 1988년 Olympic 시기가 금방 찾아 왔다. 이제 드디어 Olympic 경기가 시작되었다. 바람이 너무 세게 불어와 경기가 연기되는 소동이 벌어지긴 했으나 역대 Olympic 바람 중 가장 좋았다. Olympic 경기는 모두 무사히 끝났다.

우리는 88 Seoul Olympic을 무사히 치른 것이 자랑스럽게 여기지기도 하였다. 그러나 세월이 조금 지나고 나서 Olympic 뒷말이 나오는데 그게 아니었다. 당시 국제요트기구인 ISAF, 지금의 World Sailing의 Olympic Report가 나와 우리를 참으로 부끄럽게 하였다.

Olympic이 끝나면 각 종목별로
Olympic Report를 작성한다. 우리가 치른 1988 Seoul Olympic 요트 부분 Report도 나왔다. 이 Report 가 참으로 부끄럽고 우리들을 아연질색까지 하게 만들었다.

Olympic Report는 일종의 외교 문서이기
때문에 노골적으로 비난하지 않는 것이 관례이다. 그럼에도 불구하고 88

Olympic Report만은 비난하는 듯 하기도 하고, 한편 우리가 모욕감을 느끼도록 하는 그런 문구가 들어 있는 것이다.

Seoul Olympic Yacht Report에
"대한요트협회"는 단지 이름뿐이었다는 이런 문구이다.(Korea Yachting Association existed in name only.)(https://www.sailing.org/1988-olympic-games.php). 이런 문구가 우리 한국의 요트 입장에서 보면 모욕감을 느끼게 하는 것이다.

이러한 결과는 그동안 우리나라 요트가 얼마나 전문가적 시각을 등한시 하고 또 우리나라가 얼마나 국제화 하지 않았는가 하는 그런 느낌을 받게 한다.

우리 윈드서핑 요트인들은
그동안 국제 무대에 진출하는 것을 등한시 하였다. "전문가적 시각"을 존중하는 분위가 없었다. 지금부터라도 국제 무대에 많이 진출해야 하고 "전문가적 시각을 존중"하는 그런 분위가 형성되어야 할 것이다.

현재 우리나라에는 국제심판 한 분이 계신다.
정승철 님이시다. 국제심판자격뿐만 아니라 국제엠파이어 자격증까지 가지고 계신다. 2020 Tolyo Olympic 에노시마 국제심판단에 참여하여 활동을 하셨다.

88 Olympic Report를 생각해보면
지금의 우리나라 요트는 그때와는 완전히 다르다는 격세지감을 느끼게 한다.

우리나라 요트인이 Olympic 심판단에 참여한 사실 그 자체가 우리에게 자랑스러운 느낌마저 없지 않다.

요트 발전을 위해서는 전문가의 의견을 존중하는 그런 풍토 조성이 필요하다. 그 길이 발전에 가장 빠른 길이기 때문이다

요트전문가에는 국제적인 공인 자격증, 즉 국제심판 운영 계측 등 자격증을 따면 더욱 좋지만 국제기구의 committee member만이라도 참여하는 것이 바람직하다. 우리나라도 한때 5~6명의 committee member가 있던 적이 있다.

본인은 우리나라에서 누가 committee member로 임명되면 기뻐서 자비로 축하연을 해 주곤 하였다. committee member는 국제회의에 참여할 수 있는 자격이 부여되고 많은 유효한 정보 획득이 가능하기 때문이다.

"갈라파고스 증후군(Galapagos syndrome)"이라는 것이 있다. 국제화가 되지 못하고 자기만의 풍토적 관습에 묻혀 세계로부터 고립되는 현상을 일컫는 말이라 한다. 우리 윈드서핑 요트가 발전하지도 못하고 헤매고 있는 것이 행여 "갈라파고스 증후군"은 아닌지 생각해 볼 만 하다.

한국의 자존심 울산 PWA

울산 PWA

울산 진하해변에서 2007년부터 시작된
PWA 울산대회는 2019년까지 14번 개최하였다. 14번 개최하는 동안 아세아지
역의 유일한 PWA 대회라 세계적 메이저 대회로 한국 윈드서퍼들의 자랑이었으
며 자존심이 되었다.

일본에서는 2017년부터 PWA 대회를 시작하였다
도쿄 아래쪽에 있는 미우라반도(三浦半島) 요코스카(須賀) 에서 열린다. 미우라
반도 전체가 윈드서핑을 타는 윈드서핑 천지다.

일본 PWA와 우리나라 PWA는 차이가 많았다.
우리나라는 자랑스러운 PWA가 열려도 구경하러 오는 동호인들이 별로 없었다.
경기장에는 외국인 선수들만 보이고 구경하러 오는 한국인이 그의 없었다. 하도
사람이 없어 본인이 한영배등 KWPL선수들 초청을 해본 적도 있다.

2007년 첫 울산 PWA 모습

2007년 첫 울산 PWA에 출전한 한국 선수들
(왼쪽부터 전대풍, 허성식, 이상수, 김병진, 배성탁, 전종근 선수)

일본 PWA 경기장에는 구경을 나오는 일본 동호인이 많다.

많이 몰려다니며 출전 선수들과 담소를 나눈다. 외국인 챔피언들과 사진도 찍는다. 코로나19 사태로 우리나라는 2019년 대회를 마지막 PWA로 끝났지만 일본은 2022년부터 다시 시작하여 계속 경기를 개최하고 있다.

2006 강릉세계대회

2006년 강릉 경포대 해변에서

윈드서핑 세계선수권대회를 개최한 바 있다. Formula 세계선수권대회였다.

한국 윈드서퍼들의 자존심을 살려주었다.

그때 미국, 영국, 프랑스, 이탈리아, 태국, 홍콩, 이스라엘, 일본, 중국, 오스트레일리아, 베트남, 싱가포르, 필리핀, 러시아, 멕시코등 15개국에서 40여 명의 선수가 참석하여 호황을 이루었다.

2006년 강릉 formula 세계선수권대회

IWA 세계윈드서핑협회 회장 Bruno de Wannemaeker와 Formula협회 회장이
었던 Ceri Williams 이 진두지휘를 해 주어 많은 참석에 도움이 되었다.
그 후 그들의 도움으로 한국윈드서핑의 국제화에도 많은 영향을 받았다.

A Albeau 등 출전 선수들이 친교적 분위기를 만들어 주었다.

도망 가는 세월호 "선 장"

세월호가 침몰하기 시작하자 "선장"이 제일 먼저 도망치는 장면이다.
이 사진이 방송되어 전 세계가 통탄했다. 대한민국이 망신 당했다.

© 동아닷컴DB/해경

"세월호" 사건은 참으로 가슴 아픈

사건이다. 그에 못지않게 세월호의 선장(Captain)이라는 사람이 배가 침몰할 때

제일 먼저 빠져나와 한 말이 전 세계 윈드서핑 요트인의 가슴을 얼마나 아프게 했

는지 모른다.

400여 명의 승객이 탄 배가 침몰하기

시작했다. 이준석이라는 사람이 제일 먼저 구조선을 타고 배에서 나왔다. 이 사람은 이 배의 "선장"이었다. Captain이었다. 선장이 제1호 구조선을 타고 제일 먼저 나온 것이다. 그것도 '속옷' 바람이었다. 이 장면이 전 세계에 방송되었다. 이 사진을 보고 전 세계 요트인이 얼마나 분통이 터졌는지 모른다. 또 얼마나 비웃었는지도 모른다. 사실 한국을 망신시킨 면도 있다.

그런데 기자가 선장에게 물었다.

배가 침몰하기 시작하는데 어떻게 선장이 제일 먼저 배에서 나왔느냐? 고 물었다. 그런데 선장이 한 대답이 문제였다. 하늘이 놀랄 엉뚱한 대답을 한 것이다.

"엉덩이가 아파서 먼저 나왔다."고 대답을 한 것이다. 선장(Captain)이라는 사람이 엉덩이가 아파서 제1호 구조선을 타고 나왔다는 이 변명은 ≪New York Times≫를 비롯한 세계 언론을 분노하게 하였다. 전 세계가 얼마나 분노했는지 모른다. 그중에서도 가장 분노한 것은 중국 언론들이었다.

600여 개 의 중국 신문은

엉덩이가 아파 제일 먼저 탈출했다니 이 선장을 "총살" 해야 한다, "엉덩이가 썩어 한 평생 더 아파야 하겠다."며 울분을 터트렸다. 또 일부는 "엉덩이 아프니 선장이 먼저 나와야지! 그것 참 일리가 있는 사유네." 라며 비꼬기도 하였다.

(http://news.chinatong.net/News/NewsRead.asp?rid77=4218)

윈드서핑을 타다 보면 자연적으로 이 "선장"에 관한 이야기를 많이 접하게 되어진다. 선장은 영어로 Captain이라 한다. 이 Captain이라는 단어는 존경의 대상이 되는 중요한 단어이다. 해군에서는 함장을 칭하는 말이며 모든 해양인의 선망이 되는 단어이기도 하다.

'승객'을 살리기 위해 자기 목숨을 버린 Titanic호 "Smith 선장"

옛날부터 선장(Captain)은
"그 배와 운명을 함께한다(The Captain goes down with the ship.)"는 것으로 알고 있다. 선장에게 절대적 권한과 또한 책임도 주어져 있다. 배의 침몰이 시작되면 선장은 여자와 아이들을 제일 먼저 내보내고 배에서 살아 나오는 마지막 사람이어야 한다. 이것은 선장의 기본적인 운명이다. 만약 승객 및 선원을 탈출시킬 수 없다면 선장 본인도 탈출하지 않고 함께 죽어야 한다. 그것이 바로 선장CAPTAIN인 것이다.

선장은 배에 대한 책임과 절대적 권한을
가진다.18세기 영국에서는 죄수들을 불모지 오스트레일리아로 보냈다. 이들 선단은 대략 1,500명 정도의 죄수를 싣고 출발한다. 배 안의 안정과 질서를 유지하기 위하여 선장에게 절대적 권한과 의무를 부여한다. 만약 말썽을 일으키는 죄수들이 있으면 선장은 배 밖으로 던져 수장하라는 명령을 내린다. 8개월 정도 걸려 호주에 도착하면 남은 인원이 1,400명 정도에 지나지 않았다.

침몰하기 시작하는 "세월호"

선장은 도망 가버리고 400여 명의 승객이 타고 있는 세월호가 바다 밑으로 서서히 침몰해 가고 있다.

© 동아닷컴DB/해경

그때 세월호 선장 이야기는 우리나라에서는

금방 끝났다. 오래도록 하지 않았다. 그러나 외국 언론에서는 세월호 선장 이야기를 잡고 늘어졌다. 오래도록 그 이야기로 입방아를 찧었다. 이 선장은 구조선에서 나와 안전한 곳으로, 온돌 침상으로 이동되었다. 이 온돌 침상에서 바닷물에 젖은 5만 원짜리 지폐 2~3장과 1만 원짜리 10여 장을 말리고 있었다고 한다. 기가 막히는 이야기이다. 수백 명의 생명보다 5만 원짜리 지폐 3장과 만 원짜리 지폐 10장이 더 귀한 모양이었다.

구태여 "타이타닉(Titanic)" 침몰에서 보여 준 선장뿐만 아니라
모든 선장은 승객의 생명과 직결되어 있는 사람이기 때문에 Captain이 보여준 아름다운 스토리는 많다. 세월호는 가슴이 아프다. 아픈 가슴에 더티한 Captain 이야기가 가슴을 더욱 아프게 한다.

세월호 선장의 모습을 보면서
우리 요트의 풍토에서 행여 세월호 선장과 같은 그런 부조리한 모습이 어디에 없었는지 한번 생각해 볼 만하다.

자기만 살려고 Olympic 출전 선수와
Pre-Olympic에 출전 선수를 달리 선발하는 모습에서나 하루 벌어 하루 살아가는 식의 요트 풍토 속에 40여 년 동안 흘러내리고 있는 무명가수의 눈물 같은 모습들이 세월호 선장의 모습과 무엇이 다른지 한번 생각해 볼 만하다.

이제는 우리 요트의 풍토도 앞으로
차츰 바뀌어 가야 할 것이다. 오랜 후진국적인 풍토에서 탈피하여 전문가적 시각을 존중하는 그런 풍토로 바꿔나가야 할 것이다. 비전이 보이는 그런 풍토가 조성되어 우리나라 요트가 국제표준으로 점차 개선되어지기를 기원한다.

"요트"와의 첫 인연

본인은 두메산골 농촌에서 차남으로 태어났다.

옛날 농촌에는 차남으로 태어나면 집안의 농사일을 하면서 살아가야만 하는 풍습이 있었다. 고등학교까지는 학교를 다녔고 고등학교 졸업 후 농사를 지으며 살아가야만 했다. 7여 년간 농사를 지으며 살아 보니까 농군으로 살아가는 것은 인생에 전망이 없어 보였다. 대학을 나와야만 사람 같이 살 것이라는 느낌이 들었다. 그러나 이제 너무 오랜 세월이 흘러가 버려 대학에 들어갈 수가 없었다.

그러던 어느 날 집을 뛰쳐나와 많은 사연을 안고 세월을 흘려 보내다가 지방의 한 대학에 신입생으로 간신히 입학하였다. 하늘이 도와 준 듯 했다.

대학에 입학을 한 후 4년은 무사히 학교에 다녔다.

대학의 졸업과 동시에 이번에는 은행에 취직까지 되었다. 은행에 취직이 되니까 평생 농사꾼으로 살아야 하는 운명으로 생각했는데 이제는 농사꾼에서 벗어 날 수가 있을 것만 같았다.

'요트'를 처음 시작하게 한 商業銀行

그런데 막상 은행에 들어가서 보니까 은행 다니는 것에 큰 문제가 있었다. 은행에 다닐 수가 없을 것만 같았다. 친구들이 은행에서 이미 대리, 차장 등 책임자로 진급이 되어 있었다. 처음 입행했을 때 이두화 대리 밑에서 일을 해야만 했는데 이 대리는 중학교 다닐 때 같은 반 친구였다. 친구 밑에서 부하가 되어 일을 해야만 하게 된 것이다. 당시는 60년대라 상하관계가 엄격했다.

친구의 부하 직원으로 일을 하다 보니 "자존심"이 상하여 밤에 도저히 잠을 잘 수가 없었다. 은행에 합격이 되었다 하여 엄청 기뻐했는데 가만 보니까 이 은행에는 계속 다닐 수가 없을 것만 같았다. 그런데 그때 "특별 승진"을 해주는 그런 제도가 있었다.

만약에 '특별 승진'을 하여 친구와

같은 수준이 된다면 그때는 은행에 계속 다닐 수 있을 것만 같았다. 그냥 이대로
는 도저히 다닐 수가 없었다. 그래서 어떻게 하든 간에 "특별 승진"을 하여 은행
에 계속 다니고 싶었다.

그런데 특별 승진이 되려면

은행의 생리상 어디에 가서 깜짝 놀랄 만한 거액의 큰 예금을 끌어와야만 했다.
그러나 내 재주에 어디 가서 깜작 놀랄만한 그런 거액의 예금을 끌어 올 수 있는
가능성은 전혀 없었다. 아무리 생각해도 도저히 상상조차 할 수 없었다.

어느 날 본인을 깜짝 놀라게 하는

"뉴스"라 할까 아주 귀한 "소문"을 하나 들었다. "요트 윈드서핑"을 타는 사
람들이 돈이 많은 "알부자"라는 소문이었다. 그 순간 이 "요트"라는 단어가 뭔
가 이상하게 들리고 머리에 "찡"한 느낌이 들었다. 이 "요트"라는 요상해 보이
는 단어에서 특별 승진을 할 수 있는 그런 길이 보이는 듯도 했다. 그래서 누가
"요트"라는 것을 타고 있는지? 어디에 살고 있는지? 찾아 헤매기 시작했다. 점
점 요트인들을 알게 되면서 요트인들에게 더욱 더 매달렸다. "사람 좀 살려 달
라!"고까지 하면서 전력을 다 하였다. 이제 요트인들에게 은행 생활의 모든 운
명을 한번 걸어 보는 "인생 모험"을 시작한 것이다.

하지만 본인이 요트인들에게 목을

매고 요트인들을 찾아다니면서 거액 요트 예금을 유치하려고 한 그 "모험"은
비참하게 실패하고 말았다. 보니까 요트 타는 사람들은 소문과 같이 그리 돈이

많은 "알부자"들이 아니었다. 돈은 별로 많지 않지만 그래도 이 인생을 좀 멋있게 살아보려는 그런 "멋쟁이"들이었다. 결국 희망을 걸었던 거액 요트 예금을 끌어 들이지 못하였다. 그래서 은행에서는 승진 한번 해보지도 못한 채 정년의 나이가 되어 그냥 퇴직을 해야 했다.

은행을 퇴직한 후 집에서 놀고 있는데
옛날 본인이 거액 요트 예금을 유치하겠다며 찾아 다녔던 그 요트인들이 "한국 윈드서핑요트협회" 회장을 한번 해보라는 제의를 해 왔다.

그래서 은행에 다니면서 맺어진 요트인들과의 그 끈질긴 깊은 인연과 그들의 도움으로 재벌 회장들이나 하는 체육회 회장인 "한국윈드서핑요트협회" 회장을 12년간이나 해 보았다.

체육회장을 해 보니까
우리나라 국민은 이 "윈드서핑"을 잘못 알고 있었다. 돈이 많이 드는 귀족 sports라느니 심지어 "기피 sports"로까지 잘못 알고 있었다. 깜짝 놀랐다. 이러한 "잘못된 시각"을 바로 잡아 주어야 하겠다는 생각이 들어 이번에 보잘 것 없는 이 책을 출판하게 되었다.

요즘은 윈드서핑이 돈도 안 들고
배워 타기도 엄청 쉬워졌다. 특히 코로나19 사태 이후 인생을 멋지게 살아가는 방법으로도 각광을 받고 있다. 이 책이 우리 국민의 윈드서핑에 대한 오해를 씻고 인생을 멋지게 살아가는데 도움이 되었으면 좋겠다.

저자 소개

정상대

1997 우리은행 31년 근무 정년 퇴직
1979 Seoul Sailing Club 창립
1983 서울시요트협회 국제이사
1985 서울-東京요트 교환 경기 창설
2000 한국윈드서핑요트협회 회장
2012 London Olympic 요트국가대표선수단장
2023 한국윈드서핑요트협회 명예회장

저자 부부 정상대·우영애

Seoul Sailing Club (1983, 광나루)

저자 소개

@CWIMA

KOREA WINDSURFING PRO LEAGUE RANKING

코리아 윈드서핑 프로 리그 랭킹   자료 출처 (cafe.daum.net/KWPL)

2006 코리아 윈드서핑 프로 리그 랭킹 2006.11.01.~11.05. 제주 성산 일출봉

랭킹	1	2	3	4	5	6	7	8	9	10
세일번호	7	12	012	030	77	016	014	234	33	001
선수명	윤성수	윤해광	최명헌	전종근	양영준	이상수	배성탁	박상조	김국	김병진
소속	경북	마우이	강원	윈드굿	제이레포츠	스타보드	양지레저	마우이	평택	SK

랭킹	11	12	13	14	15	16	17	18	19	20
세일번호	011	010	444	033	073	039	79	227	101	111
선수명	전대풍	남효진	유병각	임윤희	전대성	박흥식	문건주	갬태훈	최영미	허성식
소속	쥬티	강눠	평택	리더스	마포	광주	광주	경북	평택	경북

랭킹	21	22	23	24	25	26	27	28
세일번호	028	013	625	036	69	004	017	620
선수명	주선학	김상균	백종태	이석훈	이남호	김성하	어재한	한영배
소속	서울	경북	스피드	썬틴	하이써퍼	강원	리더스	스피드

2007 코리아 윈드서핑 프로리그 랭킹 2007.10.31.~11.04. 무안 홀통

랭킹	1	2	3	4	5	6	7	8	9	10
세일번호	12	7	11	30	18	2	234	77	101	33
선수명	최명헌	윤성수	전대풍	전종근	양덕중	장건민	박상조	양영준	최영미	임윤희
소속	동해	포항	제주	서울	제주	울산	송정	서울	청주	제주

랭킹	11	12	13	14	15	16	17	18	19	20
세일번호	73	118	625	82	36	27	16	10	149	20
선수명	전대성	이근원	백종태	권오한	안기범	이동욱	이상수	남효진	김영민	박주혁
소속	형도	제주	서울	울산	경기	홀통	울산	동해	부산	홀통

랭킹	21	22	23	24
세일번호	14	39	8	79
선수명	배성탁	박홍식	김진수	문건주
소속	서울	홀통	서울	홀통

2008 코리아 윈드서핑 프로 리그 랭킹 2008.10.24.~10.26. 화성 형도

랭킹	1	3	4	2	6	8	5	7	12	9
세일번호	KR030	KR234	KR047	KR036	KR101	KR914	KR222	KR033	KR003	
선수명	전대풍	전종근	박상조	이상현	안기범	최영미	박준수	이정우	임윤희	양광률
소속	제주	서울	부산	서울	경기	청주	송정	창원	제주	서울

랭킹	13	10	11	17	14	18	15	16	19	20	21
세일번호	KR701	KR711	KR444	KR077	KR111	KR073	KR071		KR037	KR599	KR815
선수명	임준상	손강철	유병각	양영준	김영복	전대성	김종훈	배경섭	김영관	황종철	김쌍기
소속	경기	서울	평택	서울	송정	형도	형도		마포	마산	서울

2009 코리아 윈드서핑 프로 리그 랭킹 2009.10.29.~11.01. 제주 성산 일출봉

랭킹	1	2	3	4	5	6	7	8	9	10
세일번호	KOR36	KOR82	KOR234	KR914	KOR011	KOR77	KR003	KR001	KR701	KOR033
선수명	안기범	권오한	박상조	박준수	전대풍	양영준	양광률	김병진	김종훈	임윤희
소속	서울	울산	부산	부산	서울	서울	서울	울산	서울	서울

랭킹	11	12	13	14	15	16	17	18	19	20
세일번호	KOR030	KOR47	KR711	KR725	KR425	KR332	KR191	x	KOR002	KR701
선수명	전종근	이상현	손강철	김영복	유명신	허국회	진도성	이성진	장건민	임준상
소속	서울	서울	서울	부산	부산	경기	서울	서울	울산	경기

랭킹	21	22	23	24	25	26	27	28	29	30
세일번호	KR306	KR118	KR029	KR926	KR388	KR486	KR911	KR119	KR014	KR620
선수명	김형수	이근원	백인봉	김종철	이옥주	손성민	이정세	신종석	배성탁	한영배
소속	서울	경기	부산	서울	경기	서울	서울	서울	대구	서울

랭킹	31	32	33	34	35	36	37	38	39	40
세일번호	KR099	KR120	KR636	KR424	KR008	KR195	KR051	KR149	KR109	KR107
선수명	김상대	박생도	어용자	신봉식	김진수	현해인	김동엽	김영미	김채식	천희순
소속	경기	서울	부산	서울	서울	제주	서울	부산	서울	경기

랭킹	41	42	43	44	45
세일번호	KOR43	KOR18	KR303	KR262	KR625
선수명	강승완	양덕중	강태희	박희영	백종태
소속	제주	제주	서울	경기	서울

2010 코리아 윈드서핑 프로 리그 랭킹 2010.11.3.~11.07. 제주 성산 일출봉

랭킹	1	2	3	4	5	6	7	8	9	10
세일번호	KOR037	KOR082	KOR036	KOR030	KOR009	KOR019	KOR033	KR044	KR191	KOR025
선수명	김형권	권오한	안기범	전종근	윤해광	박희대	임윤희	김경헌	진도성	강정호
소속	부산	울산	서울	서울	울산	서울	서울	울산	경기	전남

랭킹	11	12	13	14	15	16	17	18	19	20
세일번호	KR008	KOR234	KR071	KR306	KR211	KR073	KR014	KOR077	KR057	KT911
선수명	김진수	박상조	김종훈	김형수	이성진	전대성	배성탁	양영준	김동엽	이정세
소속	서울	부산	경기	서울	경기	경기	대구	서울	경기	서울

랭킹	21	22	23	24	25	26
세일번호	KR332	KR118	KR023	KOR002	KR117	KR195
선수명	허국회	이근원	김종철	장건민	김홍광	현해인
소속	경기	경기	서울	울산	경기	제주

2011 코리아 윈드서핑 프로 리그 랭킹 2011.11.04.~11.06. 제주 삼양 검은

랭킹	1	2	3	4	5	6	7	8	9	10
세일번호	kor20	kor371	kor82	kor36	kor9	kr47	kr025	kor44	kor73	kr815
선수명	이재철	김형권	권오한	안기범	윤해광	이상현	강정호	김경헌	전대성	김쌍기
소속	울산	부산	울산	서울	울산	서울	전남	울산	인천	서울

랭킹	10	12	12	14	15	16	17	18	19	20
세일번호	kro77	kor030	kor11	kor033	kr620	118	kr120	kor2	kor234	kor008
선수명	양영준	전종근	박재우	임윤희	한영배	이근원	박생도	장건민	박상조	김진수
소속	서울	서울	서울	제주	서울	서울	서울	울산	부산	서울

랭킹	21	22	23	23	23	23	23	23	23	23
세일번호	kr701	145	kr14	X	146	195	170	345	909	332
선수명	임준상	윤혜정	배성탁	강승완	유연우	현해인	김완수	이규창	박홍석	허국회
소속	서울	충남	대구	제주	충남	제주	제주	서울	인천	서울

랭킹	23	23	23	23	23	23	23	23
세일번호	31	718	6	262	388	300	818	306
선수명	김진홍	배경섭	이병훈	박희영	이옥주	이승	이삼진	김형수
소속	인천	인천	인천	인천	서울	서울	인천	서울

2013 코리아 윈드서핑 프로 리그 랭킹 2013.11.08.~11.11. 제주 신양

랭킹	1	2	3	4	5	6	7	8	9	10
세일번호	KO815	KR030	KR133	KOR234	KOR36	KOR033	USA34	18	KR!49	KR620
선수명	김쌍기	전종근	장시원	박상조	안기범	임윤희	임준상	양덕중	김영민	한영배
소속	서울	서울	서울	부산	서울	제주	경기	제주	부산	서울

랭킹	11	12	13	14	15	16	17	18	19	20
세일번호	KR023	KOR011	KR006	KOR77	KR424	33	118	305	KR317	KRO43
선수명	김종철	박배우	김진수	양영준	신봉식	김국	김근원	김형수	최우진	강승완
소속	서울	서울	서울	서울	서울	경기	제주	서울	서울	제주

랭킹	21	22	23	24	25
세일번호	KR195	KR016	KR911	KOR700	25
선수명	황해인	이상수	이정세	박준호	김정호
소속	제주	울산	부산	부산	전남

2014 코리아 윈드서핑 프로 리그 랭킹 2014.11.02.~11.03. 서울 뚝섬 유원지

랭킹	1	2	3	4	5	6	7	8	9	10
세일번호	11	30	815	47	833	25	149	725	33	77
선수명	박재우	전종근	김쌍기	이상현	장시원	강정호	김영민	김영복	임윤희	양영준
소속	서울	서울	서울	서울	서울	전남	부산	부산	제주	서울

랭킹	11	12	13	14	15	16	17	18	19	20
세일번호	234	191	701	87	620	23	19	61	15	90
선수명	박상조	진도성	임준상	김진수	한영배	김종철	박희대	강흥수	김정석	진일영
소속	부산	서울	경기	서울	서울	서울	서울	대전	서울	서울

랭킹	21	22	23	24	25	26	27	28	29	30
세일번호	424	249	911	71	20	14	935	192	16	107
선수명	신봉식	이나구	이정세	손강철	박주혁	배성탁	김태훈	임준범	이상수	천희순
소속	서울	서울	부산	서울	광주	대구	서울	서울	울산	경기

2018 코리아 윈드서핑 프로 리그 랭킹 2018.05.05.~05.06.

랭킹	1	2	3	4	5	6	7	8	9	10
세일번호	KR030	KR091	KR047	KR211	KR256	KR021	KR025	KR111	KR620	KR701
선수명	전종근	김형균	이상현	이제혁	박진섭	김덕룡	강정호	김영복	한영배	임준상
소속	뚝섬		뚝섬	히와이	쥬티	홀통	여수	송정	뚝섬	경기

랭킹	11	12	13	14	15	16	17	18	19	20
세일번호	KR077	KR817	KR008	KR717	KR056	KR214	KR133	KR275	KR089	KR306
선수명	양영준	김은주	김진수	김태풍	박황균	윤인미	김창호	이의섭	박정규	김형수
소속	뚝섬		뚝섬	허리케인	홀통	하와이		광양	광양	뚝섬

랭킹	21	22	23	24	25	26	27	28	29	30
세일번호	KR747	KR424	KR023	KR787	KR103	KR120	KR337	KR191	KR019	KR727
선수명	정만희	신봉식	김종철	박철민	백성기	박생도	강성만	진도성	박희대	박영회
소속	스피드	서울	형도	쥬티	울산	형도	광양	형도	서울	허리케인

랭킹	31	32	33	34	35	36	37	38	39	40
세일번호	KR003	KR035	KR900	KR034	KR988	KR801	KR016	KR145	KR249	KR911
선수명	양광를	김권배	추봉식	서광원	조명환	김종언	이상수	유혜정	이나구	이기연
소속	스피드	광양	쥬티	하이윈드	평택	고양	울산	천안	형도	

랭킹	41	42	43	44
세일번호	KR216	KR224		KR043
선수명	조현구	김상훈	전희순	강승완
소속	서울	천안	고양	제주

2019 코리아 윈드서핑 세미프로 리그 랭킹 2019.10.26.~10.27. 무안 홀통

랭킹	1	2	3	4	5	6	7	8	9	10
세일번호	KR588	KR622	KR108	KR503	KR039	KR757	KR061	KR424	KR200	KR034
선수명	신태수	이해권	전상민	김동	박봉식	구권회	강봉수	신봉식	윤상해	서광원
소속	여수	서울	서울	거제	광주	서울	대전	서울	마포	서울

랭킹	11	12	13	14	15	16	17	18	19
세일번호	KR222	KR337	KR417	KR727	KR020	KR507	KR18	KR119	KR079
선수명	이정우	강성만	허남수	박영희	박주혁	김진화	김태훈	연희정	문건주
소속	장원	광양	광양	서울	광주	대전	서울	서울	광주

2019 코리아 윈드서핑 프로 리그 랭킹 2019.10.26.~10.27. 무안 홀통

랭킹	1	2	3	4	5	6	7	8	9	10
세일번호	KR37	KR047	KR815	KR030	KR111	KR056	KR620	KR021	KR033	KR213
선수명	김형권	이상현	김쌍기	전종근	김영복	박향규	한영배	김덕룡	임윤희	최윤석
소속	부산	서울	서울	서울	부산	무안	서울	무안	제주	광양

랭킹	11	12	13	14	15	16	17	18	19	20
세일번호	KR709	KR035	KR275	KR008	KR701	KR077	KR040	KR787	KR717	KR026
선수명	안철	김권배	이의섭	김진수	임준상	양영준	김창호	박철민	김태풍	김진영
소속	서울	광양	광양	서울	고양	서울	울산	서울	서울	포시즌

랭킹	21	22	23
세일번호	KR103	KR089	KR073
선수명	백성기	박경규	전대성
소속	울산	광양	인천

KWPL 코리아 윈드서핑 프로리그 회원들 2019.11.03.

자료 출처 (cafe.daum.net/KWPL)

번호	세일번호	선수명	영문명	지역1	지역2	소속
1	KR 001	김병진	KIM BYEONG JIN	울산	진하	SK
2	KOR 02	장건민	JANG GUN MIN	울산	진하	마우이클럽
3	KR 003	양광률	YANG KWANG RUL	서울	뚝섬	스피드클럽
4	KR 004	김성하	KIM SUNG HA	강원	동해	동해클럽
5	KR 005	조찬오	CHO CHAN OH	광주	홀통	써틴클럽
6	KR 006	이병훈	LEE BYUNG HOON	경기	형도	인천OB클럽
7		윤성수	YOON SUNG SOO	경북	포항	KORsports
8	KOR007	김진만	KIM JIN MAN	울산	진하	
9	KR 008	김진수	KIM JIN SOO	서울	뚝섬	포시즌클럽
10	KOR 9	윤해광	YOUN HAE KWANG	울산	진하	마우이클럽
11	KR 010	남효진	NAM HYO JIN	강원	동해	동해클럽
12		전대풍	JEON DAE POONG	제주	신양	쥬티클럽
13	KR0111	박재우	PARK JAE WOO	서울	뚝섬	쥬티클럽
14	KR 012	최명헌	CHOI MYUNG HUN	강원	동해	동해클럽
15	KR 013	김상균	KIM SANG GYOON	경북	포항	영일만클럽
16	KR 014	배성탁	BEA SUNG TAK	대구		양지레저
17	KR 015	장석환	CHANG SUK HWAN	서울	뚝섬	쥬티클럽
18		김정석	KIM JUNG SUK	서울	뚝섬	쥬티클럽
19	KR016	이상수	LEE SANG SU	울산	태화강	스타보드학교
20	KOR 17	오제환	OH JEA HWEAN	서울	뚝섬	리더스클럽
21	KOR 18	양덕중	YANG DUK JOONG	제주	신양	레포츠클럽

22	KOR019	박희대	PARK HEE DAE	서울	뚝섬	전종근클럽
23	KOR 20	이재철	LEE JAE CHEOL	경남	거제	
24	KR 020	박주혁	PARK JU HYUK	광주	홀통	BS클럽
25	KR 021	김덕룡	KIM DEOK RYONG	광주	홀통	써틴클럽
26	KR 022	김용재	KIM YOUNG JEA	서울	형도	마포클럽
27	KR 023	김종철	KIM JONG CHUL	서울	형도	마포클럽
28	KR 024	이기범	LEE KI BUM	광주	홀통	써틴클럽
29	KOR 25	강정호B	KANG JUNG HO	전남	여수	GS칼텍스
30	KR 026	김진형	KIM JIN HYOUNG	서울	뚝섬	포시즌클럽
31	KR 027	이동욱	LEE DONG OOK	전남	홀통	초당대학교
32	KR 028	주선학	JU SUN HAC	서울	뚝섬	ACE클럽
33	KR 029	백인봉	BAIK IN BONG	부산	송정	해운대클럽
34	KOR030	전종근	JEAN JONG KUN	서울	뚝섬	전종근클럽
35	KR 031	김진홍	KIM JIN HONG	경기	형도	인천OB클럽
36	KR 032	김진석	KIM JIN SEOK	대구		
37	KOR033	임윤희	LIM YUN HEE	제주	신양	임윤희스쿨
38	KR 034	서광원	SUH KWANG WON	서울	뚝섬	하이윈드
39	KOR 35	김권배	KIM KWUN BAE	전남	광양	풍해인클럽
40	KOR 36	안기범	AHN KI BUM	서울	뚝섬	쥬티클럽
41	KOR 37	김형권	KIM HYUNG KWON	부산		
42	KR 037	김영관	KIM YOUNG KWAN	서울	형도	마포클럽
43	KR 038	정 현	JEONG HYEON	광주	홀통	BS클럽
44	KR 039	박홍식	PARK HONG SIG	광주	홀통	BS클럽
45	KR 040	김창호	KIM CHANG HO	울산	태화강	현대자동차
46	KR 041	문창성	MOON CHANG SUNG	경남	거제	서핑타는 고양이

47	KR 043	강승완	KANG SEUNG WAN	제주	신양	제주연합회
48	KR 044	김경헌	KIM KYUNG HUN	울산	진하	마우이클럽
49	KOR 47	이상현	LEE SANG HYUN	서울	뚝섬	까시맨프로
50	KR 050	기길도	KI KIL DO	울산	태화강	스타보드학교
51	KR 051	정상대	JUNG SANG DAI	서울	뚝섬	서울 세일링
52	KR 052	진일영	JIN IL YOUNG	서울	뚝섬	포시즌클럽
53	KR 053	김종석	KIM JONG SUK	서울	뚝섬	스피드클럽
54	KR 055	범진필	BURM JIN PIL	광주	홀통	써틴클럽
55	KR 056	박황균	PARK HWANG GYUN	광주	홀통	마린클럽
56	KR 057	김동엽	KIM DONG YUB	서울	형도	마포클럽
57	KOR 59	한성호	HAN SUNG HO	서울	뚝섬	스피드클럽
58	KR 060	김정환	KIM JEONG HWAN	울산	태화강	스타보드학교
59	KOR 61	강홍수	KANG HONG SOO	대전	탑정호	대전패밀리
60	KR 062	신재천	SHIN JAE CHEOUN	경북	포항	영일만클럽
61	KR 066	전병곤	JEON BYOUNG GON	서울	뚝섬	성산클럽
62	KR 067	강정호A	KANG JEONG HO	경북	포항	영일만클럽
63	KR 069	이남호	LEE NAM HO	대전	탑정호	하이서퍼클럽
64	KR 070	이동휘	LEE DONG HUI	울산	진하	
65	KR 071	김종훈	KIM JONG HUN	서울	형도	마포클럽
66	KR 072	송준호	SONG JOON HO	전남	홀통	무안군 연합회
67	KOR 73	전대성	JEON DAE SUNG	경기	형도	인천OB클럽
68	KR 074	정원묵	JEONG WON MUK	전남	광양	풍해인클럽
69	KR 075	한문철	HAN MOON CHEOL	울산	진하	SK
70	KR 076	최원균	CHOI WON GYUN	전남	광양	풍해인클럽
71	KOR 77	양영준	YANG YEONG JUN	서울	뚝섬	쥬티클럽
72	KR 078	김수경	KIM SOO KYONG	전남	광양	풍해인클럽

73	KR 079	문건주	MOON GEON JU	광주	홀통	써틴클럽
74	KR 080	도성호	DO SUNG HO	경북	포항	천해지풍
75	KOR 81	신지현	SHIN JI HYUN	경남	거제	삼성윈드
76	KOR 82	권오한	KWON OH HAN	울산	진하	마우이클럽
77	KOR 85	정은정	JEONG EUN JEONG	전남	광양	풍해인클럽
78	KR 088	김형석	KIM HYUNG SUK	경북	포항	영일만클럽
79	KR 89	박정규	PARK JUNG GYU	전남	광양	풍해인클럽
80	KR 090	박훈진	PARK HUN JIN	울산	진하	SK
81	KR 091	장도민	JANG DOMIN	서울	뚝섬	하이윈드
82	KR 099	김상대	KIM SANG DAE	경기	안산	시화클럽
83	KR 100	최민호	CHOI MIN HO	서울	뚝섬	윈핑
84	KR 101	최영미	CHOI YOUNG MEE	충북	청주	평택호
85	KR 103	백성기	BAEK SEONG KI	울산	태화강	스타보드학교
86	KR 106	김효신	KIM HYO SHIN	서울	뚝섬	슈퍼스타즈
87	KR 107	천희순	CHUN HEE SUN	경기	고양	고양시연합회
88	KR 108	이해권	LEE HAE KWON	서울	뚝섬	전종근클럽
89	KR 109	김채식	KIM CHEA SIK	서울	뚝섬	스피드클럽
90	KR 110	강유준	KANG YU JUN	울산	태화강	스타보드학교
91	KR 111	김영복	KIM YOUNG BOK	부산	송정	풍운클럽
92	KR 112	김환열	KIM HWAN YEAL	울산	태화강	스타보드학교
93	KR 113	김현태	KIM HYUN TAE	경북	포항	천해지풍
94	KR 114	강치호	KANG CHI HO	대구		윈드키퍼
95	KR 115	김창호	KIM CHANG HO	충남	아산	충무클럽
96	KR 116	윤기명	YUN KI MYONG	서울	뚝섬	
97	KR 117	김홍광	KIM HONG KWANG	서울	형도	마포클럽
98	KR 118	이근원	LEE KEUN WON	제주		

99		신종석	SHIN JONG SUK	서울	뚝섬	슈퍼스타즈
100	KR 119	연희정	YEON HEE JEONG	서울	뚝섬	쥬티클럽
101	KR 120	박생도	PARK SEANG DO	서울	형도	마포클럽
102	KR 121	김동신	KIM DONG SIN	제주	삼양	제주연합회
103	KR 122	한상인	HAN SANG IN	제주	삼양	제주연합회
104	KR 123	최완진	CHOI WAN JIN	경기	용인	아산만
105	KR 125	전경훈	JEON KYONG HOON	서울	뚝섬	
106	KR 126	진현호	JIN HYUN HO	서울	뚝섬	김쌍기클럽
107	KR 130	고영암	GO YONG ARM	서울	뚝섬	한강클럽
108	KR 131	이문근	LEE MUN KEUN	부산	송정	바람클럽
109	KR 134	고재희	KO JAE HEE	울산	태화강	현대자동차
110	KR 135	이규중	LEE KYU CHOONG	울산	태화강	스타보드학교
111	KR 137	우진홍	WOO JIN HONG	울산	태화강	스타보드학교
112	KR 138	류승엽	RYOO SEUNG YUB	울산	태화강	현대자동차
113	KR 139	이찬수	LEE CHAN SOO	전북	군산	군산클럽
114	KR 143	박영석	PARK YOUNG SUK	충남	천안	바람꾼클럽
115	KR 145	윤혜정	YOON HYE JEONG	충남	천안	바람꾼클럽
116	KR 146	유연우	YOU YOUN WOO	충남	천안	바람꾼클럽
117	KR 149	김영민	KIM YOUNG MIN	부산	송정	송정클럽
118	KOR150	이형민	LEE HYEONG MIN	서울	뚝섬	쥬티클럽
119	KR 162	조성환	JO SUNG HOAN	서울	뚝섬	우석클럽
120	KR 170	김완수	KIM WAN SOO	제주		
121	KR 177	정오석	JUNG OH SUK	서울	뚝섬	한강클럽
122	KR 181	김태훈	KIM TAE HOON	서울	뚝섬	김쌍기클럽
123	KR 188	박정민	PARK JEONG MIN	서울	뚝섬	한강클럽
124	KR 191	진도성	JIN DO SUNG	서울	형도	마포클럽

125	KR 192	임준범	LIM JUN BUM	서울	뚝섬	슈퍼스타즈
126	KR 195	현해인	HYUN HEA IN	제주	삼양	제주연합회
127	KR 200	윤상해	YOON SANG HAE	서울	마포	마포클럽
128	KOR201	김정렬	KIM JEONG RYEOL	전남	광양	풍해인클럽
129	KR 202	강원남	KANG WON NAM	경기	안산	시화클럽
130	KR 207	신호섭	SHIN HO SEOP	서울	뚝섬	케이싹클럽
131	KR 210	안용진	AHN YONH JIN	서울	뚝섬	쥬티클럽
132	KR 211	이성진	LEE SUNG JIN	서울	뚝섬	쥬티클럽
133	KO 211	이제혁	JAY JEHYUG LEE	USA	Maui	
134	KR 212	고정생	KO JUNG SAENG	경기	안산	시화클럽
135	KR 213	최윤석	CHOI YOON SEOK	전남	광양	전남연합회
136	KR 214	윤인미	YOON INMI	USA	Maui	
137	KR 216	조현구	CHO HYUN GU	서울	뚝섬	케이싹클럽
138	KR 218	김사랑	KIM SA RANG	광주	홀통	써틴클럽
139	KR 222	이정우	LEE JUNG WOO	경남	창원	마창클럽
140	KR 230	김성호	KIM SUNG HO	제주	삼양	제주연합회
141	KR 233	권동혁	KWEON DONG HYEOG	서울	뚝섬	한강클럽
142	KOR234	박상조	PARK SANG JO	부산	송정	송정클럽
143	KR 249	이나구	LEE NA GU	서울	형도	마포클럽
144	KR 256	박진섭	PARK JIN SUP	서울	뚝섬	쥬티클럽
145	KR 260	박기일	PARK KI IL	서울	뚝섬	슈퍼스타즈
146	KR 262	박희영	PARK HEE YOUNG	경기	형도	인천OB클럽
147	KR 270	이충용	LEE CHUNG YONG	울산	태화강	현대자동차
148	KR 275	이의섭	LEE EUI SUB	전남	광양	풍해인클럽
149	KR 282	손병국	SON BYONG KOOK	서울	뚝섬	쥬티클럽

150	KR 300	이 승	LEE SEUNG	서울	형도	마포클럽
151	KR 303	강태희	KANG TAE HEE	서울	형도	마포클럽
152	KR 306	김형수	KIM HYUNG SU	서울	뚝섬	케이싹클럽
153	KR 311	조한선	CHO HAN SUN	충남	천안	바람꾼클럽
154	KR 313	김유진	KIM YU JIN	부산		마린스포츠
155	KR 317	최우진	CHOI WOO JIN	서울	뚝섬	쥬티클럽
156	KR 319	최희승	CHOI HEE SEUNG	서울	뚝섬	전종근클럽
157	KR 330	임종완	LIM JONG WAN	서울	뚝섬	스피드클럽
158	KR 332	허국회	HU KUK HOE	경기	형도	인천OB클럽
159	KR 333	김태훈	KIM TAE HOON	경북	포항	천해지풍
160	KR 337	강성만	KANG SEONG MAN	전남	광양	풍해인클럽
161	KR 345	이규창	LEE KYU CHANG	경기	형도	인천OB클럽
162	KR 357	배현영	BAE HYUN YOUNG	강원	평창	
163	KR 365	박재용	PARK JAE YONG	울산	태화강	스타보드
164	KR 367	황철호	HWANG CHUL HO	대구		물너울클럽
165	KR 369	이석훈	LEE SUK HUN	광주	홀통	써틴클럽
166	KR 375	강태훈	KANG TAE HUN	울산	진하	울산연합회
167	KR 383	강승원	KANG SEUNG WON	서울	마포	마포클럽
168	KR 388	이옥주	LEE OK JU	경기	형도	인천OB클럽
169	KR 414	김대용	KIM DAE YONG	경기	형도	인천OB클럽
170	KR 417	허남수	HEO NAM SU	전남	광양	풍해인클럽
171	KR 419	김일환	KIM IL HWAN	서울	뚝섬	한강클럽
172	KR 423	이두선	LEE DO SUN	전남	광양	
173	KR 424	신봉식	SHIN BONG SIK	서울	뚝섬	쥬티클럽
174	KR 425	유명신	YU MYEONG SIN	부산	송정	하이윈드
175	KR 441	배수산	BAE SU SANNA	전남	광양	광양세일링

176	KR 444	유병각	YOU BYUNG KOK	경기	평택	평택호
177	KR 447	박태훈	PARK TAE HOON	전남	광양	광양세일링
178	KR 486	손성민	SON SUNG MIN	서울	뚝섬	까시맨프로
179	KR 500	배희수	BAE HEE SU	서울	뚝섬	쥬티클럽
180	KR 501	정유진	JOUNG YU JIN	대전		금강클럽
181	KR 503	김동조	KIM DONG JO	경남	거제	거제삼성클럽
182	KR 505	전재균	CHON JE GYUN	대전		금강클럽
183	KR 507	김진화	KIM JIN HWA	대전		금강클럽
184	KR 511	김봉한	KIM BONG HAN	충남	천안	바람꾼클럽
185	KR 514	황재훈	HWAN JAE HOON	울산		마우이스포츠
186	KR 516	박종구	PARK JONG GU	서울	뚝섬	한강클럽
187	KR 550	박민수	PARK MIN SOO	서울	뚝섬	스피드클럽
188	KR 555	김경선	KIM KYONG SUN	경기	고양	고양시연합회
189	KR 575	손태현	SON TEA HYUN	울산	태화강	현대자동차
190	KR 577	유수경	YOU SOO KYEONG	서울	뚝섬	쥬티클럽
191	KR 588	신태수	SHIN TAE SU	전남	여수	이순신클럽
192	KR 599	황종철	HWANG JONG CHUL	경남	마산	마창클럽
193	KR 600	오용덕	OH YONG DUCK	제주		제주연합회
194	KR 601	서동국	SEO DONG KOOG	경북	울진	울진해심
195	KR 602	손우익	SON WOO IK	울산	태화강	교직원클럽
196	KR 607	이종규	LEE JONG KUE	서울	고양	고양시연합회
197	KR 611	김상훈	KIM SANG HOON	충남	천안	바람꾼클럽
198	KR 614	김경수	KIM KYOUNG SOO	서울	형도	마포클럽
199	KR 619	윤회현	YOON HOE HYOUN	서울	마포	마포클럽
200	KR 620	한영배	HAN YOUNG BAE	서울	뚝섬	스피드클럽
201	KR 622	전상민	JEON SANG MIN	서울	뚝섬	전종근클럽

202	KR 625	백종태	BAIK JOUNG TAI	서울	뚝섬	스피드클럽
203	KR 636	어용자	EA YONG JA	부산	송정	송정클럽
204	KR 666	김희석	KIM HEE SEOK	서울	뚝섬	스피드클럽
205	KOR700	박준호	PARK JUN HO	부산		윈드홀릭
206	KOR701	임준상	LIM JUN SANG	경기	고양	고양시연합회
207	KOR702	이기영	LEE KI YOUNG	서울	뚝섬	포시즌클럽
208	KOR703	이금선	LEE KUM SUN	경기	고양	고양시연합회
209	KOR704	이재호	LEE JAE HO	서울	뚝섬	서프오션
210	KR 707	정재규	JUNG JAE GYU	대구		양지레저
211	KR 708	송규진	SONG KYU JIN	서울	뚝섬	허리케인클럽
212	KR 709	안철	AN CHEOL	서울	뚝섬	허리케인클럽
213	KR 710	이종국	LEE JONG KOOK	서울	뚝섬	허리케인클럽
214	KR 711	손강철	SON KANG CHEOL	서울	뚝섬	포시즌클럽
215	KR 717	김태풍	KIM TAE PUNG	서울	뚝섬	허리케인클럽
216	KR 718	이재승	LEE JAE SEUNG	서울	뚝섬	스피드클럽
217	KR 725	김한울	WOOL KIM	경남	통영	통영협회
218	KR 727	박영희	PARK YOUNG HEE	서울	뚝섬	허리케인클럽
219	KR 737	김세홍	KIM SE HONG	서울	뚝섬	허리케인클럽
220	KR 747	정만희	JUNG MAN HEE	서울	뚝섬	스피드클럽
221	KR 749	김창민	KIM CHANG MIN	광주	홀통	써틴클럽
222	KR 750	최호영	CHOI HO YOENG	울산	태화강	스타보드
223	KR 757	구건회	KOO KUN HOE	서울	뚝섬	허리케인클럽
224	KR 767	박태원	PARK TAE WON	서울	뚝섬	허리케인클럽
225	KR 770	천승민	CHEON SEUNG MIN	서울	뚝섬	허리케인클럽
226	KR 771	이영주	LEE YOUNG JU	서울	뚝섬	슈퍼스타즈
227	KR 774	박두섭	PARK DOO SUB	서울	뚝섬	슈퍼스타즈

228	KR 777	윤용기	YOON YOUNG GI	경북	포항	영일만클럽
229	KR 787	박철민	PARK CHEOL MIN	서울	뚝섬	쥬티클럽
230	KR 797	고두종	KO DOO JONG	서울	뚝섬	허리케인클럽
231	KR 800	이규경	LEE KYU GYOUNG	서울	형도	마포클럽
232	KR 801	김종언	KIM JONG OEN	경기	고양	고양시연합회
233	KR 803	이종수	LEE JONG SOO	경북	포항	천해지풍
234	KR 808	채상기	CHEA SANG GI	전남	홀통	초당대학교
235	KR 815	김쌍기	KIM SSANG KI	서울	뚝섬	김쌍기클럽
236	KR 816	박은석	PARK EUN SUK	서울	뚝섬	쥬티클럽
237	KR 818	이삼진	LEE SAM JIN	경기	형도	인천OB클럽
238	KR 825	전세익	CHUN SE IK	경기	평택	평택호
239	KR 827	이병익	LEE BYOUNG IK	경북	포항	천해지풍
240	KOR833	장시원	JANG SI WON	서울	뚝섬	스피드클럽
241	KR 888	김 국	KIM GOOK	경기	평택	평택호
242	KR 900	추봉식	CHOU BONG SIK	서울	뚝섬	쥬티클럽
243	KR 906	이명무	LEE MYUNG MOO	서울	뚝섬	한강클럽
244	KR 907	김신의	KIM SINI	서울		성산클럽
245	KR 909	박홍석	PARK HONG SEOK	경기	형도	인천OB클럽
246	KR 911	이정세	LEE JEONG SE	베트	무이네	무이네캠프
247	KR 914	박준수	PARK JUN SU	부산	송정	송정클럽
248	KR 988	조명환	CHO MYONGHWAN	평택		평택호클럽
249	KR 990	구지훈	KU JIHUN	울산	태화강	윈드헌터클럽
250	KR 998	김생수	KIM SAENG SOO			
251	KR 999	김수철	KIM SOO CHUL	제주		제주연합회